管理之道

——当代管理者的管理智慧

高欣 郭燕斌 丰靖淼 著

辽海出版社

图书在版编目（CIP）数据

管理之道：当代管理者的管理智慧 / 高欣，郭燕斌，丰靖淼著. -- 沈阳：辽海出版社，2017.12
ISBN 978-7-5451-4519-9

Ⅰ.①管… Ⅱ.①高… ②郭… ③丰… Ⅲ.①管理学 Ⅳ.①C93

中国版本图书馆CIP数据核字(2017)第283649号

责任编辑：张　义
封面设计：黄伟娟
责任印制：李　坤
责任校对：贾　霞

北方联合出版传媒（集团）股份有限公司
辽海出版社出版发行
（辽宁省沈阳市和平区11纬路25号沈阳市辽海出版社　　邮政编码：110003）
印刷：廊坊市海涛印刷有限公司　　全国新华书店经销
开本：1/16　　印张：9　　字数：140千字
2019年1月第1版　　2019年1月第1次印刷
定价：48.00元

序言

　　管理，是当代学术界与现实生产生活中重点关注与不断探讨的领域，一般概念上的管理，指的是在特定的政治、经济、历史、文化等环境条件下，组织管理者通过发挥计划、组织、指挥、协调、控制等职能，对组织中所拥有的人力、财力、物力资源以及信息、人际资源等进行合理配置，便于对资源进行合理调控与控制，其最根本目标是为了达到组织目标。管理者是组织管理的主体，是在组织中承担管理职能，进行直接管理、间接管理、检查、监督和指导组织成员工作的人，管理者通过其职位、职权、人格魅力、权威、才能与知识，在组织中承担领导组织成员，带领大家为组织贡献的责任，因而组织中的管理者能够实质性的影响该组织发展经营。管理者能力的培养，管理者能力的高低，管理者管理水平的发挥，关系到组织的发展成败，在知识化、信息化发展的现代化新时期，组织管理面临愈加复杂的生存环境与严峻的竞争环境，现代管理者只有充分总结管理经验，发挥管理智慧，才能建立管理权威，达成既定目标，优化并提高领导力。学习与研究管理科学与管理艺术，有助于广大管理者更好地认识和遵循管理工作的规律，把对管理工作规律的认识运用到管理实践中去，把管理工作的丰富经验转化为管理能力与管理效率。本书对现代管理者的管理智慧进行探讨，主要从管理者素质、管理者管理权威、管理者用人之道、管理者讲话的艺术、管理者沟通的智慧等几个方面进行深入研究，充分发掘现代优秀管理者的管理科学与管理艺术，进行综合归纳整理，以期为当代管理者进行管理工作、提高管理工作效率提供建议与参考。本书第一、二、五章由高欣编写，第六、七、八章由郭燕斌编写，第三、四章由丰靖淼编写。

作者介绍

高欣，男，中共党员，河南省虞城县人，1990年出生，硕士研究生，郑州大学公共管理学院本科生辅导员（资格生）。

2012.09　参加关于《地方政府在产业集群演进中的作用研究》的科学技术成果研究，得到河南省科学技术厅的认可，获得河南省科学技术成果鉴定证书。

2017.05　作品《但问耕耘，自有收获》被《郑州大学研究生》杂志2016年第一期刊登。

2017.06　参与郑州大学学生工作项目"飞扬杯"模拟公务员考试，顺利结项。

2016.09　发表省级论文《学生党员教育中实现党员的主体性研究》，《人才资源开发》；

2016.11　发表省级论文《浅析人口老龄化背景下老龄事业的发展》，《求知导刊》；

2017.01　发表省级论文《刍议反腐倡廉制度建设与创新》，《法治与社会》；

2017.01　发表省级论文《对高校辅导员工作的反思——基于课堂实践和机构调查感悟》，《黑龙江科学》；

2017.04　发表省级论文《新时期高校辅导员开展思想政治教育工作探究》，《新校园》；

2017.08　发表省级论文《亲子趣味运动会对社区家庭能力建设的重要性——以深圳某社区为例》，《长江丛刊》。

学生时代，在校期间担任学生会主要学生干部，多次参加郑州大学社会实践活动和郑州大学"挑战杯"创业计划大赛，均获得一二三等奖，其中参加河南省第十三届"挑战杯"大学生课外学术科技作品竞赛荣获二等奖；多次被评为郑州大学优秀学生干部、郑州大学优秀青年志愿者、郑州大学社会服务先进个人、郑州大学三等奖学金；同时，被评为河南省优秀学生干部、河南省优秀毕业生、宝钢教育优秀学生奖、河南省（郑州大学）硕士研究生一等奖学金、郑州大学优秀硕士研究生奖学金、郑州大学优秀共产党员、郑州大学校园之星"服务之星"提名奖、国家奖学金、郑州大学三好研究生等。

郭燕斌，女，中共党员，河南省博爱县人，1990年出生，硕士研究生，郑州工商学院辅导员。

2012.09 参加关于《地方政府在产业集群演进中的作用研究》的科学技术成果研究，得到河南省科学技术厅的认可，获得河南省科学技术成果鉴定证书；

2015.09 郑州大学基础与新兴学科"中国精神与文化哲学"研究项目---葛兰西有机知识分子理论探究（2015-WH-002）；

2016.04 发表省级论文《探究葛兰西知识分子理论在马克思主义传播中的作用》，《牡丹江教育学院学报》；

学生时代，在校期间担任学生会主要学生干部，多次参加郑州大学社会实践活动和郑州大学"挑战杯"创业计划大赛，均获得一二三等奖，多次被评为南阳理工学院优秀学生干部、南阳理工学院三好学生、南阳理工学院社会实践先进个人、南阳理工学院优秀共产党员、国家励志奖学金（三次）；同时，被评为河南省优秀学生干部、河南省优秀毕业生、河南省（郑州大学）硕士研究生一等学业奖学金（三次）、郑州大学优秀三好研究生、郑州大学《湄湖哲思》优秀编辑等。

丰靖淼，女，团员，河南省虞城县人，1996年出生，马克思主义哲学硕士研究生。

学生时代，在校期间担任学生会主要学生干部，多次参加郑州大学社会实践活动和郑州大学"挑战杯"创业计划大赛，被评为郑州大学优秀学生干部、郑州大学优秀青年志愿者、郑州大学三好学生等。

2015年至今，发表省级以上学术论文十余篇，与此同时，多次获得郑州大学优秀学生奖学金。

目 录 contents

第一章　管理相关概念概述 001
　　一、管理的定义 001
　　二、管理的职能 004
　　三、管理的重要性 006
　　四、管理者 009
　　五、管理者的角色 013

第二章　管理者素质 018
　　一、管理者素质概说 018
　　二、管理者个人素质内容 020
　　三、管理者素质的提高 031

第三章　树立管理者权威 035
　　一、权力与权威的区别 036
　　二、权力与权威的联系 036
　　三、巴纳德权威接受论 037
　　四、管理者权威的树立 038

第四章　管理者用人艺术 046
　　一、中国古代管理者用人之道 047

二、现代管理者的用人之道 059
三、管理者识人选才 062
四、管理者用人的艺术 068

第五章 人才的激励与驾驭 072
一、人才的激励 072
二、教化下属的艺术 079
三、处理下属顶撞的艺术 081
四、驾驭顶牛的下属 087
五、对待下属的失礼、失信和失误 089
六、防止下属的逆反行为 092

第六章 管理者讲话的艺术 096
一、工作谈话的艺术 097
二、表扬他人的艺术 101
三、批评他人的艺术 106
四、即席讲话的艺术 112

第七章 管理者沟通的智慧 117
一、关于沟通 117
二、沟通中倾听的意义 122
三、做善于倾听的管理者 123

第八章 管理者权力的运用 127
一、管理者权力概述 127
二、用权的艺术 130
三、管理者授权 132

第一章　管理相关概念概述

一、管理的定义

关于管理的定义，国内外学术界诸多学者对其有不同理解与定义。

"科学管理之父"弗雷德里克·泰勒(Frederick Taylor)在其著作《科学管理原理》中谈到："管理就是确切地知道你要别人干什么，并使他用最好的方法去干"。在泰勒看来，管理就是指挥他人能用最好的办法去工作。泰勒的科学管理理论，使人们认识到了管理学是一门建立在明确的法律法规、条文和原则之上的科学，它适用于人类的各种活动，从最简单的个人行为到经过充分组织安排的大公司的业务活动。科学管理理论对管理学理论和管理实践的影响是深远的，直到今天，科学管理的许多思想和做法仍被许多国家、企业与组织参照采用。

诺贝尔奖获得者赫伯特·西蒙(Herbert A. Simon) 对管理的定义是："管理就是制定决策"（《管理决策新科学》）。西蒙在管理学上的第一个贡献是提出了管理的决策职能。西蒙之前，法约尔最早对管理的职能作了理论化的划分。此时，决策被包含在计划职能之中，其后的管理学者对此也没有提出疑问，只是到了二十世纪四十年代，西蒙提出了决策为管理的首要职能这一论点之后，决策才为管理学家们所重视。西蒙对管理学的第二个贡献是建立了系统的决策理论。并提出了"有限度理性行为"的命题和"令人满意的决策"的准则。

"现代管理学之父"彼得·德鲁克（Peter F. Drucker）认为："管理是一种工作，它有自己的技巧、工具和方法；管理是一种器官，是赋予组织以生命的、能动的、动态的器官；管理是一门科学，一种系统化的并到处适用的知识；同时管理也是一种文化。"（《管理——任务、责任、实践》）。1954年，德鲁克提出了一个具有划时代意义的概念——目标管理（Management By Objectives，简称为MBO)，它是德鲁克所发明的最重要、最有影响的概念，并已成为当代管理学的重要组成部分。目标管理的最大优点也许是它使得一位经理人能控制自己的成就。自我控制意味着更强的激励：一种要做得最好而不是敷衍了事的愿望。它意味着更高的成就目标和更广阔的眼界。目标管理的主要贡献之一就是它使得我们能用自我控制的管理来代替由别人统治的管理。

亨利·法约尔（Henri Fayol）在其名著《工业管理与一般管理》中给出管理概念之后，它就产生了整整一个世纪的影响，对西方管理理论的发展具有重大的影响力。法约尔认为：管理是所有的人类组织都有的一种活动，这种活动是由五项要素组成的：计划、组织、指挥、协调和控制。法约尔对管理的看法颇受后人的推崇与肯定，形成了管理过程学派。孔茨(Koontz)是二战后这一学派的继承与发扬人，使该学派风行全球。

张俊伟在其著作《极简管理：中国式管理操作系统》中，在传统理论基础上，对管理理论体系进行了重大创新，他认为，"管"原意为细长而中空之物，其四周被堵塞，中央可通达。使之闭塞为堵；使之通行为疏。"管"，就表示有堵有疏、疏堵结合。所以，"管"既包含疏通、引导、促进、肯定、打开之意；又包含限制、规避、约束、否定、闭合之意。"理"，本义为顺玉之纹而剖析；代表事物的道理、发展的规律，包含合理、顺理的意思。"管理"犹如治水，疏堵结合、顺应规律而已。所以，管理就是合理地疏与堵的思维与行为。

斯蒂芬·罗宾斯给管理的定义是：所谓管理，是指同别人一起，或通过别人使活动完成得更有效的过程。国内著名学者吴广扬给管理的定义：管理，顾名思义，管着最基本的行为和执行着最初心理想的问题，就叫管理。

广义的管理是指应用科学的手段安排组织社会活动，使其有序进行。其对应的英文是Administration或Regulation。狭义的管理是指为保证一个单位全部业务活动而实施的一系列计划、组织、协调、控制和决策的活动，对应的英文是Manage或Run。

现代社会学术界对管理的统一定义，是指在特定的环境条件下，以人为中心,管理主体组织并利用其各个要素（人、财、物、信息和时空），通过计划、组织、指挥、协调、控制及创新等手段，对组织所拥有的人力、物力、财力、信息等资源进行有效的决策、计划、组织、领导、控制，以期高效的达到既定组织目标的过程。

1、管理主体是一个组织，这个组织可能是国家，可能是一个企业，可能是一个机构，可以是一个单位，也可能是一个正式组织或非正式组织。

2、管理的手段包括5个方面：强制（战争、政权、暴力、抢夺等）、交换（双方意愿交换）、惩罚（包括物质性的和非物质性；包括强制、法律、行政、经济等方式）、激励、沟通与说服。

3、管理的过程包括6个环节：管理规则的确定（组织运行规则，如章程及制度等）、管理资源的配置（人员配置及职责划分与确定、设备及工具、空间等资源配置与分配）、目标的设立与分解（如：计划、组织与实施）、过程控制（检查、监督与协调）、效果评价、总结与处理（奖惩）。

二、管理的职能

法国管理学者法约尔最初提出把管理的基本职能分为计划、组织、指挥、协调和控制。后来，又有学者认为人员配备、领导激励、创新等也是管理的职能。因此，现代管理的职能共分为七类：

（一）决策

决策是组织或个人为了实现某个目的而对未来一定时期内有关活动的方向、内容及方式的选择或者调整过程。简单地说决策就是思考、比较、决断和选择。决策是计划的核心问题只有对计划目标和实施方法等要素进行科学的决策，才能制定出科学合理的计划。一般认为决策是管理工作的本质。

（二）计划

计划在管理学中有两层含义，其一是计划工作，是指根据对组织外部环境与内部条件的分析，提出在未来一定时期内要达到的组织目标以及实现目标的方案途径，就是为组织未来发展绘制蓝图，确定组织未来发展目标以及实现目标的方式。其二是计划形式，是指用文字和指标等形式所表述的组织以及组织内不同部门和不同成员，在未来一定时期内关于行动方向、内容和方式安排的管理事件。

（三）组织

管理学认为，组织职能一方面是指为了实施计划而建立起来的一种结构，该种结构在很大程度上决定着计划能否得以实现；另一方面，是指为了实现计划目标所进行的组织过程。是服从计划，并反映着组织计划完成目标的方式。

（四）人员管理

人员管理就是对各种人员进行恰当而有效的选择、培训、以及考评，其目的是为了配备合适的人员去充实组织机构规定的各项职务，以保证组织活动的正常进行，进而实现组织既定目标。人员配备与管理的其他四个职能——计划、组织、指导与领导、以及控制，都有着密切的关系，直接影响到组织目标能否实现。

（五）指导与领导

指导与领导就是对组织内每名成员和全体成员的行为进行引导和施加影响的活动过程，其目的在于使个体和群体能够自觉自愿而有信心地为实现组织既定目标而努力。指导与领导所涉及的是主管人员与下属之间的相互关系。指导与领导是一种行为活动，已形成了专门的领导科学，成为管理科学的一个新分支。

（六）控制

控制就是按既定目标和标准对组织的活动进行监督、检查，发现偏差，采取纠正措施，使工作能按原定计划进行，或适当调整计划以达预期目的。控制工作是一个延续不断的、反复发生的过程，其目的在于保证组织实际的活动及其成果同预期目标相一致。

（七）创新

创新就是随着科学技术的发展，社会经济活动空前活跃，市场需求瞬息万变，社会关系日益复杂，使得每一位管理者时刻都会遇到新情况新问题。迫切的变化要求创新。创新在管理循环中处于轴心地位。

三、管理的重要性

管理有照管，料理的意思，同时包含着一定程度的约束性。

有人群的活动就有管理，有了管理，组织才能进行正常有效的活动，简而言之，管理是保证组织有效地运行所必不可少的条件。组织的作用依赖于管理，管理是组织中协调各部分的活动，并使之与环境相适应的主要力量。所有的管理活动都是在组织中进行，有组织，就有管理，即使一个小的家庭也需要管理；从另一个方面来说，有了管理，组织才能进行正常的活动，组织与管理都是现实世界普遍存在的现象。

不过，当组织规模还比较小的时候，管理对组织的影响还不大。组织中的管理活动还比较简单，并未形成独立的管理职能，因而也就显现不出管理的特别重要性。如对刚成长起来的组织来说，也可以凭借经验，维持自身地发展。但随着人类的进步和组织的发展，管理所起的作用越来越大。概括起来说，管理的重要性主要表现在以下两个方面：

（一）管理使组织发挥正常功能

管理，是一切组织正常发挥作用的前提，任何一个有组织的集体活动，不论其性质如何，都只有在管理者对它加以管理的条件下，才能按照所要求的方向进行。

组织是由组织的要素组成的，组织的要素互相作用产生组织的整体功能。然而，仅仅有了组织要素还是不够的，这是因为各自独立的组织要素不会完成组织的目标，只有通过管理，使之有机地结合在一起，组织才能正常地运行与活动。组织要素的作用依赖于管理。管理在组织中协调各部分的活动，并使组织与环境相适应。一个单独的提琴手是自己指挥自己，一个乐队就需要一个乐队指挥，没有指挥，就没有乐队。在乐队里，一个不准确的音调会破坏整个乐队的和谐，影响整个演奏的效果。同样，在一个组织中，没有管理，就无法彼此协作地进行工作，就无法达到既定的目的，甚至连这个组织的存在都是不可能的。集体活动发挥作用的效果大多取决于组织的管理水平。

组织对管理的要求和对管理的依赖性与组织的规模是密切相关的，共同劳动的规模越大，劳动分工和协作越精细、复杂，管理工作也就越重要。一般地说，在手工业企业里，要进行共同劳动，有一定的分工协作，管理就成为进行生产所不可缺少的条件。但是，如果手工业企业的生产规模较小，生产技术和劳动分工也比较简单，管理工作也比较简单。现代化大工业生产，不仅生产技术复杂，而且分工协作严密，专业化水平和社会化程度都高，社会联系更加广泛，需要的管理水平就更高。

工业如此，农业亦同样如此，一个规模大、部门多、分工复杂、物质技术装备先进、社会化专业化商品化水平高的农场，较之规模小、部门单一、分工简单、以手工畜力劳动为主、自给或半自给的农业生产单位，就要求有高水平、高效率的管理。

总而言之，生产社会化程度越高，劳动分工和协作越细，就越要有严密的科学的管理。组织系统越庞大，管理问题也就越复杂，庞大的现代化生产系统要求有相当高度的管理水平，否则就无法正常运转。

（二）管理促进组织目标实现

组织是有目标的，组织只有通过管理，才能有效的实现组织的目标。

在现实生活中，我们常常可以看到这种情况，有的亏损企业仅仅由于换了一个精明强干、善于管理的管理者，很快扭亏为盈；有些企业尽管拥有较为先进的设备和技术，却没有发挥其应有的作用；而有些企业尽管物质技术条件较差，却能够凭借科学的管理，充分发挥其潜力，反而能更胜一筹，从而在激烈的社会竞争中取得优势。通过有效地管理，可以放大组织系统的整体功能。因为有效地管理，会使组织系统的整体功能大于组织因素各自功能的简单相加之和，起到放大组织系统的整体功能的作用。在相同的物质条件和技术条件下，由于管理水平的不同而产生的效益、效率或速度的差别，这就是管理所产生的作用。

在组织活动中，需要考虑到多种要素，如人员、物资、资金、环境等，它们都是组织活动不可缺少的要素，每一要素能否发挥其潜能，发挥到什么程度，对管理活动产生不同的影响。有效的管理，正在于寻求各组织要素、各环节、各项管理措施、各项政策以及各种手段的最佳组合。通过这种合理组合，就会产生一种新的效能，可以充分发挥这些要素的最大潜能，使之人尽其才，物尽其用。例如，对于人员来说，每个人都具有一定的能力，但是却有很大的弹性。如能积极开发人力资源，采取有效管理措施，使每个人聪明才智得到充分地发挥，就会产生一种巨大的力量，从而有助于实现组织的目标。

四、管理者

管理者是在组织中承担管理职能，直接管理、监督和指导他人工作的人，管理者通过其职位、权力与知识，在组织中起到为组织贡献的责任，因而能够实质性的影响该组织发展经营及达成成果的能力者。现代学术界观点强调管理者不仅仅对管理权力负责，而是必须对组织负责，管理者是通过别人来完成工作，做决策、分配资源、指导别人的行为来达到工作的目标。组织中与管理者相对应的是组织普通成员，即所谓的非管理者。

（一）管理者分类

管理者按照层次可以分为：基层管理者、中层管理者、高层管理者。

1、基层管理者

基层管理者是管理者群体中比重最大的部分，也是每一位管理者必须经历的管理过程，基层管理者指的是那些在组织中直接负责非管理类员工日常活动的人。基层管理者主要职责是直接指挥和监督现场作业人员，保证完成上级下达的各项计划和指令。

基层管理者的称谓主要有：督导，团队主管，教练，轮值班长，系主任，部门协调人，部门组长等。

2、中层管理者

中层管理者是指位于组织中的基层管理者和高层管理者之间的管理者群体。

中层管理者在组织中起到承上启下的作用。其主要职责是及时听取与正确领会高层的指示精神与指令计划，创造性地结合本部门的工作实际，有效指挥各基层管理者开展工作，优化完成组织目标。

中层管理者注重的是组织中日常管理事务。

中层管理者的称谓主要有：部门经理，项目经理，业务主管，部门主管，机构主管，地区经理，门店经理等。

3、高层管理者

高层管理者是指在组织中居于顶层或接近于顶层的人，在整个管理者群体中比重最小却地位权力最高。

高层管理者对组织负全责，其主要职责侧重于沟通组织与外部的联系，决定组织的大政方针，确定组织的发展目标。注重组织中良好工作与交往环境的创造和重大决策的正确性。

高层管理者的称谓主要有：行政长官，总裁，首席运营官，首席执行官，董事会主席，副总裁，总经理等。

（二）管理者的技能

著名管理学家罗伯特·李·卡茨(Robert·L·Katz) 列举了管理者所需的三种素质或技能，海因茨·韦里克对此进行了补充。综合来说，管理者需要具备的素质或管理技能主要有：

1、技术

技术技能是管理者必备技能，是指对管理活动、监督活动——特别是包含专业知识、方法、技术、过程、程序的活动的理解、感悟和熟练。技术包括专门知识、领域知识、在专业领域问题发现与考察分析能力以及灵活地运用该专业的工具和技巧的能力。技术技能主要是涉及到"物"(过程或有形的物体)的工作。

2、人事

人事技能也是当代管理者必备的技能之一，是指管理者能够以组织成员的身份有效地履行工作责任的行政能力，并能够以良好的组织能力在其所领导的小组中建立起组织合作的关系，充分发掘组织的协作精神和团队精神，在组织中营造一种良好的、开放的氛围，以使组织成员能够自由地、开放地、积极地表达个人观点与建议的能力。管理者的人事技能总体上可以概括为是对管理者为完成组织目标应具备的领导、指挥、协调、激励和沟通能力的必备要求。

3、思想

思想决定一个管理者的思维高度与管理高度，思想技能包含："正确认识组织的能力，把组织视为一个整体的能力，包括识别一个组织中的彼此部门互相依赖、互相促进、互相联系的各种职能，识别某一部分、某一支点的改变如何能影响、改变组织其他各部分以及整个组织本身，并进而影响组织与其他组织、企业、工业、社团之间，以及与国家的政治、社会和经济力量这一总体之间的关系。"思想技能即能够总揽全局，判断出重要因素并了解这些因素之间关系的能力。

4、设计

设计技能是指以有利于组织利益的种种方式解决问题的能力，

特别是高层管理者不仅要发现问题，还必须像一名优秀的设计师那样具备找出某一问题切实可行的解决办法的能力。如果管理者只能看到问题的存在，并只是"看到问题的人"，他们就是不合格的管理者。管理者还必须具备这样一种能力，即能够根据所面临的现状找出行得通的解决方法的能力。

5、概念

概念技能也称构想技能，指"把观念设想出来并加以处理以及将关系抽象化的精神能力"。通俗地说，概念技能是指管理者对复杂事物进行抽象和概念化的能力。具有概念技能的管理者能够准确把握工作单位之间、个人和工作单位之间以及个人之间的相互关系，能够深刻认识组织中任何行动的后果以及正确行使管理者的各种职能。

6、人际

人际技能也叫人际关系技能，是指成功的与别人打交道并与别人沟通的能力，就是处理人与人之间关系的能力。作为一名管理者，必须具备良好的人际技能，这样才能树立组织良好的团队精神。

这些技能对于不同管理层次的管理者的相对重要性是不同的。技术技能、人事技能的重要性依据管理者所处的组织层次从低到高逐渐下降，而思想技能和设计技能则相反。对基层管理者来说，具备技术技能是最为重要的，具备人事技能在同下层的频繁交往中也非常有帮助。当管理者在组织中的组织层次从基层往中层、高层发展时，随着他同下级直接接触的次数和频率的减少，人事技能的重要性也逐渐降低。也就是说，对于中层管理者来说，对技术技能的要求下降，而对思想技能的要求上升，同时具备人事技能仍然很重要。但对于高层管理者而言，思想技能和设计技能特别重要，而对技术技能、人事技能的要求相对来说则很低。当然，这种管理技能和组织层次的联系并不是绝对的，组织规模大小等一些因素对此也会产生一定的影响。

五、管理者的角色

（一）管理者是具有职位和相应权力的人

管理者的职权是管理者从事管理活动的资格，管理者的职位越高，其权力越大。组织或团体必须赋予管理者一定的职权。如果一个管理者处在某一职位上，却没有相应的职权，那么他是无法进行管理工作的。韦伯认为管理者有三种权力：传统权力：传统惯例或世袭得来，比如帝王、君主的世袭制；超凡权力：来源于别人的崇拜与追随，带有感情色彩并且是非理性的，不是依据规章制度而是依据以往所树立的威信；法定权力：法定权力即法律规定的权力，通过合法的程序所拥有的权力，比如通过直接选举产生的总统。

但实际上，在管理活动中，管理者仅具有法定的权力，是难以做好管理工作的，管理者在工作中应重视"个人影响力"，成为具有一定权威的管理者。所谓"权威"，是指管理者在组织中的威信、威望，是一种非强制性的"影响力"。权威不是法定的，不能靠别人授权。权威虽然与职位有一定的关系，但主要取决于管理者个人的品质、思想、知识、能力和水平；取决于同组织人员思想的共鸣，感情的沟通；取决于相互之间的理解、信赖与支持。这种"影响力"一旦形成，各种人才和广大组织成员都会吸引到管理者周围，心悦诚服地接受管理者的引导和指挥，从而产生巨大的物质力量。

（二）管理者是负有一定责任的人

任何组织或团体的管理者，都具有一定的职位，都要运用和行使相应的权力，同时也要承担一定的责任。权力和责任是一个矛盾的统一体，一定的权力又总是和一定的责任相联系的。当组织赋予管理者一定的职务和地位，从而形成了一定的权力时，相应地，管理者同时也就担负了对组织一定的责任。在组织中的各级管理人员中，责和权必须对称和明确，没有责任的权力，必然会导致管理者的用权不当，没有权力的责任是空泛的、难于承担的责任。有权无责或有责无权的人，都难以在工作中发挥应有的作用，都不能成为真正的管理者。

责任是对管理者的基本要求，管理者被授予权力的同时，应该对组织或团体的命运负有相应的责任，对组织或团体的成员负有相应的义务。权力和责任应该同步消长，权力越大，责任越重。比较而言，责任比权力更本质，权力只是尽到责任的手段，责任才是管理者真正的象征。如果一个管理者仅有职权，而没有相应的责任，那么他是做不好管理工作的。管理者的与众不同，正因为他是一位责任者。如果管理者没有尽到自己的责任，就意味着失职，等于放弃了管理。

（三）西方管理学者关于管理者角色的主要理论

美国著名管理学家彼得·F·德鲁克（Peter F.Drucker）1955年提出"管理者角色"（The role of the manager）的概念。德鲁克认为，管理是一种无形的力量，这种力量是通过各级管理者体现出来的。所以管理者扮演的角色或者说责任大体上分为三类：

1、管理一个组织（managing a business），求得组织的生存和发展。为此管理者必须做到：一是确定该组织是干什么的？应该有什么目标？如何采取积极的措施实现目标？二是谋取组织的最大效益；三是"为社会服务"和"创造顾客"。

2、管理管理者（managing manager）。组织的上、中、下三个层次中，人人都是管理者，同时人人又都是被管理者，因此管理者必须做到：一是确保下级的思想、意愿、努力能朝着共同的目标前进；二是培养集体合作精神；三是培训下级；四是建立健全的组织结构。

3、管理工人和工作（managing workers and work）。管理者必须认识到两个假设前提：一是关于工作，其性质是不断急剧变动的，既有体力劳动又有脑力劳动，而且脑力劳动的比例会越来越大；二是关于人，要正确认识到"个体差异、完整的人、行为有因、人的尊严"对于处理各类各级人员相互关系的重要性。

亨利·明茨伯格一项广为引用的研究认为，管理者扮演着十种角色，这十种角色又可进一步归纳为三大类：人际角色、信息角色和决策角色。

（1）人际角色

人际角色直接产生自管理者的正式权力基础，管理者在处理与组织成员和其他利益相关者的关系时，他们就在扮演人际角色。人际角色又包括代表人角色、领导者角色和联络者角色。

①代表人角色。作为所在单位的领导，管理者必须行使一些具有礼仪性质的职责。如管理者有时出现在社区的集会上，参加社会活动，或宴请重要客户等，在这样做的时候，管理者行使着代表人的角色。

②领导者角色。由于管理者对所在单位的成败负重要责任，他

们必须在工作小组内扮演领导者角色。对这种角色而言，管理者和员工一起工作并通过员工的努力来确保组织目标的实现。

③联络者角色。管理者无论是在与组织内的个人和工作小组一起工作时，还是在与外部利益相关者建立良好关系时，都起着联络者的作用。管理者必须对重要的组织问题有敏锐的洞察力，从而能够在组织内外建立关系和网络。

（2）信息角色

在信息角色中，管理者负责确保和其一起工作的人员具有足够的信息，从而能够顺利完成工作。由管理责任的性质决定，管理者既是所在单位的信息传递中心，也是组织内其他工作小组的信息传递渠道。整个组织的人依赖于管理结构和管理者以获取或传递必要的信息，以便完成工作。管理者必须扮演的信息角色，具体又包括监督者、传播者、发言人三种角色。

④监督者角色。管理者持续关注组织内外环境的变化以获取对组织有用的信息。管理者通过接触下属来收集信息，并且从个人关系网中获取对方主动提供的信息。根据这种信息，管理者可以识别组织的潜在机会和威胁。

⑤传播者角色。管理者把他们作为信息监督者所获取的大量信息分配出去。

⑥发言人角色。管理者必须把信息传递给单位或组织以外的个人。

（3）决策角色

在决策角色中，管理者处理信息并得出结论。如果信息不用于组织的决策，这种信息就失去其应有的价值。决策角色具体又包括企业家、干扰对付者、资源分配者、谈判者四种角色。

⑦企业家角色。管理者密切关注组织内外环境的变化和事态的发展，以便发现机会，并对所发现的机会进行投资以利用这种机会。

⑧干扰对付者角色。是指管理者必须善于处理冲突或解决问题，如平息服务对象的怒气，同不合作的组织等进行谈判，或者对组织成员之间的争端进行调解等。

⑨资源分配者角色。管理者决定组织资源用于哪些项目。

⑩谈判者角色。管理者把大量时间花费在谈判上，管理者的谈判对象包括员工、组织成员、服务对象和其他工作小组。

管理工作，既是一门科学，也是一门艺术。现代管理者，所承担的使命、责任与所追求的成功目标，都要求他们既需要具有丰富的理论知识，特别是管理科学理论知识，还需要掌握高超的工作方法和工作技巧。没有深厚的知识底蕴，就难以承担管理工作；缺少出色的管理技巧，也难以胜任管理工作。因此，学习与研究管理科学与管理艺术，有助于广大管理者更好地认识和遵循管理工作的规律，把对管理工作规律的认识运用到管理实践中去，把管理工作的丰富经验转化为管理能力与管理效率。

第二章　管理者素质

管理者作为管理活动的主体，在管理活动中处于主导地位，在组织整体运行与组织成员管理之中承担着计划、组织、指挥、协调、控制等多项职能，管理者素质的高低，关系到管理者的管理能力、管理水平与管理效果，关系到管理者管理权威的建立与组织成员对管理者的信服程度，对于整体管理活动的成败具有至关重要的作用。因此，管理者个体素质的重要性及其提高，是当代管理者提升管理水平的重点内容，凸显了当代管理者卓越的管理智慧。

一、管理者素质概说

（一）管理者素质的含义与作用

1.管理者素质的含义

素质作为学术界十分关注的一个学术概念，也是各个学科领域关注的重点，可以从不同的学科视角给出管理者不同的界定。总的来说，素质指的是个体或者群体在生理的、智力的、心理人格的、行为和价值观念等多方面的特质，素质具有稳定性与惯性，同时又具有可培育性和积累性、学习性。素质的养成是文化、历史、环境、性格与社会变迁等的共同产物，素质可以根据对象的不同分为不同的种类，如知识分子的素质、科学家的素质、教师的素质、领导者的素质、企业家的素质等，管理者的素质则是其中比较重要的一种。

所谓管理者素质，是指在组织之中担任管理者角色的个体为完成其特定职能职责，发挥其特定的影响力和作用力、获取组织成员信服所必须具备的自身条件，是在一定的心理条件、生理条件、环境条件、接受度的基础上，通过自主学习、接受教育培训、实践锻炼或者在潜移默化中被影响等等方式形成的在管理工作中起经常性、实际性、大范围性作用的那些基础条件和内在要素的总和，它包含内容十分广泛，既包括管理者的的身体素质和心理素质，同时也包含管理者的政治思想素质、文化素质、道德素质、管理能力、管理水平等等。

（二）管理者素质的作用

管理者素质的特有特征决定了其特定的功能与重要作用，任何行为主体在任何活动中的成败得失，都是两个因素即内在因素和外在因素不同质量、不同效能、不同作用和不同搭配互动的结果，其中内在因素决定着行为主体活动的必然，为各种偶然的活动及其结果提供先决的条件，素质作为管理者主体重要的内在条件，从根本上决定看管理者的成败得失，具有至关重要的作用。

（1）管理者素质是一种重要的竞争力。21世纪是个科学技术突飞猛进，经济日益全球化、信息化、网络化的时代，世界范围内的竞争空前激烈，而各种竞争归根结底是人才的竞争，更是管理人才的竞争，管理人才的素质高低关系到我国改革开放和社会主义现代化建设事业的兴衰成败以及我国在全球竞争中的地位。

（2）管理者素质是一种重要的领导力。领导力是在管理活动中管理者影响被管理者所产生的作用和结果的叠加。而要达成既定目标，优化并提高领导力，就要求管理者必须具备优秀的管理素质，如树立先进正确的价值观，具备渊博的学识，以及娴熟的领导艺术等。

（3）管理者素质是形成优化高效管理班子的基础。世纪既是一个竞争的时代，也是一个合作的时代，集体管理是现代管理活动的一个显著特点和基本规律，任何管理集体都是由若干管理者个人组成，只有个体的管理素质达到良好状态并在个体之间形成优化组合，才能从根本上保证管理集体的整体优化高效。

总之，管理者素质是管理行为的内在渊源，是开展管理活动领导活动的前提与基础，是管理成功的最重要内在条件，也是事关群体或组织命运与利益的最重大社会因素之一。

二、管理者个人素质内容

管理者之所以能够胜任管理活动复杂繁琐的工作，能够协调整个组织的发展，能够在管理权力之外建立自己的管理权威，赢得整个组织中组织成员们的敬佩与追随，管理者的素质无疑是重要基础与现实保障，管理者的素质如果要一一列出，就可以说是无穷无尽、不断发掘的，但是优秀的管理者通常都要具有如下素质：正直、公平、公正、热情、耐心、毅力、道德、勇敢、果断、知识、技能、决心、智力、想象力、身体健康、心理素质过硬等等，综合以上各项，管理者的素质主要包括以下几个方面：

（一）政治素质

政治素质是管理者最基础、最基本的素质之一，政治素质指的是一个人作为一个政治角色、对政治的理解认识，特别对自己所承担的政治义务和所享受的政治权利的理解、把握、认知、感受、反映和实施行动等情况的总和，是作为一个社会人在群体、在社会、在国家的政治学习和政治关系、政治生活中培养出来必须具备的个体特质。对于管理者来说，从事组织行政管理工作，必须将管理者政治素质放在第一位，因为政治素质是其他一切素质的基础，它从根本上决定管理者的工作性质和方向，决定了管理者的思想与认知、决定了管理者的工作观念与态度，是管理者素质的核心和灵魂。政治素质的培养也成为当代管理者关注的重中之重。从我国的国情实际与中国特色社会主义理论体系出发，当代我国管理者政治素质的标准与内容主要体现在以下方面：

1、政治理论。管理者必须认真学习马克思列宁主义、毛泽东思想、邓小平理论、"三个代表"重要思想和科学发展观，必须具有深厚的马列主义理论修养，高举中国特色社会主义的伟大腹帜，坚定不移地走中国特色社会主义道路，具有高度的政治坚定性和理论成熟性。

2、政治知识。政治知识包含内容比较丰富，不仅包含共产主义运动的知识、党的知识、党的发展历程，还包括人类社会发展知识、政治理论知识、政治发展知识、政治科学与政治艺术；同时还包括对政治体制、政治制度的理解，对国内国际时事政治及时了解，管理者只有通过不断学习，掌握了丰富的政治知识，才能够为培养牢固的政治素养奠定坚实基础。

3、政治观念和政治意识。管理者必须具备鲜明的政治观念，注重培养浓厚的政治观念与政治意识，在马克思主义的指导下，树立正确的世界观、人生观、价值观，时刻以严格标准来要求自己，具有正确的政治纪律观念、政治原则观念、法制观念和路线观念，保持高度的政治先进性和纯洁性。

4、政治理想与政治信念。管理者必到具备远大的共产主义理想，把其当成自己最崇高的追求，把加快社会主义现代化建设作为具体的追求，同时管理者必须坚定共产主义一定能够实现社会主义最终胜利的信念，这种理想和信念是管理者能够在工作中全力以赴的动力源泉。

5、政治态度和政治立场。这是管理者的发现问题、看待问题、认识问题，分析问题、处理问题立足点与出发点。管理者要有强烈的政治责任感和事业心，以及高度的政治觉悟。坚持贯彻党的方针、路线，政策，真正为党为国家为人民的前途和命运着想，全心全意为人民服务。

6、政治作风。管理者不仅要把党性原则及一切正确的政治守则内化到自己的灵魂深处，更要体现在行为上，表现出优良的政治作风，如艰苦奋斗，实事求是，密切联系群众，开展批评与自我批评，民主务实的作风等。

7、法律修养。管理者必须具有极其强烈的法律意识和丰富的法律知识，学法用法，善于依法治国，充分发扬社会主义民主，积极推动社会主义法制化建设。

8、政治阅历和政治经验。管理者必须积累一定的政治阅历，储备一定的政治经验，才能在各种复杂的政治局面中不会犯原则性的错误，才能始终保持清醒的政治头脑，真正成为组织成员和事业的中坚力量。

9、政治技能与艺术。管理者在管理工作中必须具备一定的政治技能，讲究一定的策略和方法，在具有高度原则性的同时具备高度的灵活性，及时把握政治形势和政治心理，拿出政治策略和完整的应对措施，艺术化地展开政治活动，达到政治目标。

（二）道德素质

道德素质，特指人在道德方面的内在基础，是指一定时期调节人与人之间相互关系的价值标准和价值判断、道德规范和道德要求内化为心灵内容后形成的整个精神内涵，是人们的道德认知和道德行为水平的综合体现，包含着一个人的道德修养与道德情操，体现着一个人的道德水平与道德风貌，对于管理者来说，道德素质是充满价值内容和主观取向的管理者精神素质。道德素质主要包括道德知识、伦理知识、伦理素养、伦理造诣、伦理道德规范内化程度、价值取向、价值约束、气节、情操、境界、风格、作风、正义、社会责任感与个人责任感、智慧、勇气等等管理者素质因素。通过一个人的道德素养，能够充分体现出管理者对社会、对他人、对自我的认知与态度，体现出管理者的道德修养与为人处世，道德素质不仅是管理者自身的行为准则，更是衡量管理者综合素质的重要内容，没有良好的道德素质，是无法得到组织成员的敬佩与信服的，道德素质的内容主要包括以下几个方面：

1、事业心和使命感。事业心是衡量一个管理者对事业及本职工作的态度的主要指标，它反映出管理者的理想、目标和报负。而使命感则要求管理者应该对自己的组织和自己的工作完全负责，以最大的热情和毅力去完成自己的使命和任务。

2、进取心。管理者的工作不是静止不变的，而是随着组织环境的变化发展而变化发展的。因此，管理者要不断提高自己，使自己能够跟上时代前进的步伐。一个管理者的进取心越强，他获取知识的欲望也就越大，就越不甘于现状，喜欢不断地开拓进取。

3、胸怀宽阔。管理者应该具有宽阔的胸怀，善于听取下属的不同意见，包容下属的一些缺点，使下属感受到自己的亲切、温暖、友善和诚心，获得心理上的安全感。这样，管理者就可以团结组织内的一切人，发动一切积极因素，把工作干好。

4、公正。由于人们在公道、平等方面有先天的敏感性，所以管理者对组织内的一切人、一切事，都要采取的一视同仁的态度。这样，才能取得下属的爱戴和拥护，在下属之中树立威信。

5、自身廉洁。在中国的现实情况中，一个管理者廉洁为政，即使其能力不太强，有时是可以得到谅解的。但如果管理者自身不清廉，有腐化的作风、以权谋私的行径甚至贪污腐败，即使他能力再强，也是得不到社会和民众的认同的。所以，管理者一定要以身作则，严格要求自己，遵守国家和组织的法律、法规和有关规章制度。

（三）能力素质

能力是指人在其心理生理要素的基础上，经过后天的培养、教育和努力，在实践过程中逐步形成的认识世界与改造世界的才能，本领和技能。管理者能力是由管理者在社会中特殊的职责所决定的，是指管理者有效地实施管理，完成组织目标所必须具备的知识、才能条件的总和，管理者能力素质是一种横贯于所有管理者素质的多方面多种类的领导素质，是所有管理者素质在联系或作用于现实时产生的作用力集合而成的个体特质，是管理者者开展工作的必备条件，是提高管理者绩效的决定性因素，是管理者素质体系的主体内容，当代管理者能力素质主要包含以下几个方面：

1、政治能力。这是主导性的行政管理能力，包括运用和发展思想政治理论及坚持政治原则的能力；维护、遵循和运用宪法、法律的能力，理解掌握和贯彻执政路线方针、政策和法规的能力，执行政治纪律和规章制度的能力；承担和履行政治责任的能力；政治问题的分析和处理能力；政治环境适应能力；政治角色的把握胜任能力等。

2、科学决策能力。决策是管理者活动中最重要的一项内容，决策能力是衡量一个管理者能否胜任本职工作的一个关键指标。因此，管理者必须善于发现和提出问题，并发动组织成员集思广益和利用"外脑"进行决策。管理者决策能力主要体现为预见能力，判断能力与制订方案能力以及组织实施能力。

3、选才用人能力。行政管理在一定意义上说就是一种"用人成事"的艺术，对管理者来说，决策之外最重要的工作就是用人，管理者选才用人能力体现为能够充分开发人才资源，做到知人善任，进行有效激励，使人尽其才。

4、计划规划能力。计划为组织成员指明方向，并设立目标和标准以便于领导和管理者实施控制，可以减少重叠性和浪费性的活动。管理者只有具有较强的计划与规划能力，才能进行有效的组织管理，从而保证领导和管理目标的实现。

5、组织协调能力。管理者只有具备了较强的组织协调能力，才能够在领导和管理过程中合理地配置和运作各种资源,形成一种和谐的团队精神和整体合力,促进组织内外环境的平衡发展。

6、沟通与人际交往能力。沟通是管理者掌握各方面情况的手段,是一种重要的人际交往技能。良性的沟通与人际交往不仅是管理者取得成功的重要技能、也对保持和促进管理者自身积极向上的精神状态具有极大作用。

7、控制与自控能力。控制能力是管理者运用各种手段(经济、行政、法律、教育、强制等等),来保证管理活动的正常进行,保证决策目标如期实现的能力;自制能力是指管理者在有自知之明的情况下,对自己的缺点与弱点进行控制与约束的能力。

8、应变与解决复杂矛盾的能力。管理活动本身就是一个不断应变和解决复杂矛盾和问题的过程,作为一个管理者是否成熟和高明,首要的就是看他是否能够具备在复杂的矛盾中审时度势,随机应变,辨明方向,把握大局,沉着应对,化险为夷的能力。

9、开拓与创新能力。从一定意义上说,管理就是创造。在当前的改革开放和建设有中国特色的社会主义市场经济过程中,没有现成的方案可循。管理者必须具备开拓创新精神和坚强意志,既要有勇于变革的锐气,又要有科学的态度。

10、学习能力。21世纪是一个经济全球化,知识信息化,网络化的时代,在这个时代中,科学技术日新月异、新事物,新矛盾层出不穷、管理者只有具备终身学习并学以致用的能力,才能抓住机遇,迎接挑战,发展自己并引导组织与社会。

(四)知识素质

知识来源于实践并指导着实践,知识是与实践密切相连的,是人们在认识世界和改造世界过程中获得的认识与经验的总和，知识在一般概念上包括感性知识和理性知识。理性知识一般特指科学知识。知识的海洋是无穷无尽的，知识的发展也是无穷无尽的，我们每一个人通过学习、通过他人影响，通过不断接受认识新事物而不断获取新的知识，每一个人的知识都不是单一的，而是由多种知识构成的。对于管理者来说，必须具备渊博的知识，不断扩宽自己的视野，扩大知识面，才能适应不断变化的新局面，才能得心应手的处理管理工作中出现的问题，具体来说，管理者的知识素质主要包括以下几个方面：

1、宽广的知识面。管理者的工作具有特殊性，与其他工作相比，其具有综合性和多样性，这就要求管理者对于一般社会科学、人文科学和自然科学等多方面的知识，都要有所了解，有所掌握不断扩宽自己的视野与知识面。信息时代与知识经济时代的到来，更是对管理者知识素质提出了更高层次的要求。随着互联网的普及、科学技术革命的不断深入，"互联网+"时代已经到来，在信息分享与传递高速发展的现代化社会，各门学科的信息也在不断相互渗透、交叉，致使现代科学出现了既高度分化、又高度综合的发展趋势。学科规模不断扩大，新的学科不断出现，新的知识在不断融合，对人们的学习与适应社会发展提出了更高的要求，对于管理者来说，只有与时俱进，不断拓宽知识面，树立大科学、大经济的新观念，才能适应多变的知识经济时代，才能保持先进性与创造性。

2、熟悉现代管理知识。管理者的实质是现代管理者，与传统管理不同，现代管理的要求是管理者必须具备相应的现代管理知识，具备统筹全局的思考能力，要求管理者在履行管理职能时能够深入基层、善于倾听，具备一定的探讨能力，管理者所要学习的管理知识不是单一的，其不仅要熟练掌握行政管理、经济管理知识，还要熟练应用人力资源管理、心理学、领导学等等多方面的现代管理知识，不断培养自身权衡利弊的决断能力，运用管理手段与管理技巧的能力，突出重点、兼顾一般的计划能力。

3、一般的科学知识。一般的科学知识是作为管理者的基础，也是现代人才培养的基础，指的是一般社会科学、自然科学各方面的知识，这种知识与现代管理知识等不同，它通常要在专门的机构如学校等经过比较系统的学习过程才能获得，科学知识获得的过程是循序渐进的，它可能需要经过几年甚至是几十年时间，才能被充分掌握，熟练运用，一般情况下，一定的学历就代表了一定文化程度，可以表明一个人接受科学知识的水平。在现阶段，随着经济的发展与现代化教育的普及，对现代人才提出了更高层次的学历，对人才的知识结构、知识基础、知识运用能力都提出了更高要求，特别对于我国对各级管理者来说，在学历、工作经验上都提出了相应的要求和条件、越是高学历、高水平、高能力的人才，在竞争中的优势也就更大\越明显，但值得注意的是，不能简单地凭借学历与文化程度来判断一个人的能力与科学知识的储备含量，学历、文凭与能力知识之间并不能画上等号，应当认识到，时代与历史的限制，而现代教育中通过自学成才，成人高等教育等途径来掌握丰富的一般科学知识者，并非少数，这些人在经过自身努力之后，拥有了同等的学历，熟练掌握了一般科学知识，他们在竞争过程中，也应该被平等看待，证明其的确具有相当水平的，也可选拔任用。

4、本职专业知识。一般概念中的"专业"，是一个相对广泛的概念，指的是在人类社会科学技术进步与生产生活实践中，用来描述职业生涯某一阶段、某一人群、长期从事的用来谋生的具体业务作业范围，正所谓"术业有专攻"，各行各业的人员都有自己的本职工作、对于管理者来说，必须系统全面熟练掌握管理专业知识，这是从事各种管理工作的重点与基础。管理者必须认识到只有掌握了本职专业知识，才能掌握管理的管理规律，在具体的实践操作中才能得心应手。

5、丰富的社会实践知识。实践是检验真理的唯一标准，实践是认识的来源，管理者只有深入基层、深入组织、深入实践当中，积极参加社会生活实践，才能与组织成员进行深入交流，才能在交流与实践中发现工作的问题之处，才能更广泛听取组织成员的需求，增进组织感情，有助于理论与实践的结合，有利于管理者管理经验的积累。

（五）心理素质

心理素质是人的整体素质的重要组成部分，心理素质以自然、先天为基础，经过后天的教育、锻炼、环境、实践活动等多种因素的影响，可以逐渐发展、改变，形成一种稳定的心理状态，心理素质是先天性与后天改变的综合，包括一个人的认知能力、心理适应能力、情感、意志力、信心等等，心理素质对人的影响是巨大而深远的，良好的心理素质能够使人保持乐观、积极的态度，自信而散发魅力，对于管理者来说，必须具有健康的心理素质，才能在复杂的管理工作中游刃有余，管理者的心理素质主要包括以下几个方面：

1、乐观的情绪。管理工作繁琐而复杂，如果不能以积极乐观的心态去看待，那么整个工作过程将变为一种折磨，并将影响组织中的其他成员，致使管理工作效率下降，造成资源浪费，管理者要学会保持乐观的情绪，用乐观的情绪感染组织成员，同时乐观的情绪使得管理者更加平易近人，更加鼓舞组织成员的士气。

2、坚强的意志。坚强的意志也是管理者必须具备的心理素质之一，坚强意志使得管理者在遭遇工作困难之中能够稳定的调节自身的行为，以攻克万难的决心与信心去克服种种困难，不断开拓进取，管理者只有具备了坚强的意志，才能遇事沉着冷静、处变不惊，坚持到最后，获得最后的胜利。

3、广泛的兴趣。兴趣是人力求认识某种事物或爱好某种活动的心理倾向。它表现为渴望深入认识某种事物，并力求加人活动的心理倾向。兴趣对人的认识活动和实践活动，有看十分重要的推动作用，它可以促使人去注意、认识、探术和创造。所以，一个管理者只有具备了广泛的兴趣，才能孜孜不能地学习、探索，学习心得知识与管理方法，防止知识和管理方法的过时，保持组织和自身的活力。

4、开朗的性格。开朗的性格，其典型表现为乐观、坦率、随和、善于交际、好介入、喜欢变化、喜欢冒险。在科学技术高速发展的当今社会，组织所面对的环境挑战异常严峻，凡不能迅速适应客观环境和外界变化的组织和管理者，都不可避免地要被淘法。另外，管理者在工作中必然要与各种人打交通，要随时介入各种矛盾中去。这就决定了管理者要以开朗的性格去面对工作，面对现实。

（六）身体素质

身体素质包括体质和体貌两个方面：

体质就是通常所说的体格或体魄，是指人承受体力、脑力劳动的程度，是身体素质的内在成分、质量、结构、性状和特征。一个管理者即使能力很强，但是身体差，没有充沛的精力，应付不了劳动强度过大的工作，显然是适应不了时代的要求的。

体魄即外形，指身体素质的外在成分、质量、结构、形状和特征，包括相貌、气色、声音、体态、身高、体重等各个方面。体貌对管理者着来说，是具有重要辅助作用的自然生理条件，有助于行政领导者塑造更完美的形象。

三、管理者素质的提高

管理者素质的提高，特别依赖于管理实践，又不完全取决于管理实践，也就是说要结合管理实践才能达到提高管理者素质的目标。在这个过程中，既要靠管理者的自觉，同时也离不开管理组织与相关机构的共同努力，是管理者主观因素和客观条件交互作用的过程。具体来说，提高管理者的素质有如下基本途径。

（一）教育

教育是最普通的管理者素质提高途径，管理者的全面发展或者全面提高离不开教育，教育一共分为六种基本方式：（1）系统正规的学校教育（2）有组织的社会教育，也就是权威的社会教化（3）自由的社会熏陶，即自然发生的教育性影响（4）有期待的家庭教育（5）真意识的自我教育：（6）补充性的大众化教育，也就是培训，是在一定教育素质基础上惊醒的培育能力的训练。对管理者的教育，要充分动用社会各种资源，充分发挥教育者与教育手段的作用，全面、立体地提高管理者素质。

（二）实践锻炼

管理者亲身参与社会实践，是素质培养和提高的最关键环节，管理活动不是抽象的理论研究，而是实实在在地解决具体问题，这种解决具体问题的能力只有在管理活动的实践中才能得到锻炼和提高。古人云："纸上得来终觉浅，绝知此事要躬行。"毛泽东也曾指出："读书是学习，使用也是学习，而且是更重要的学习，从战争学习战争——这是我们的主要方法。"但这都是在强调亲身参加实践的重要性。管理者参加实践活动的途径多种多样：深入基层调查研究，以提高观察分析能力，承担各种不同的任务，如主持会议、组织起草、修改文件、解决下属纠纷等，以提高判断能力分析问题解决问题能力、口头或文字表达能力等，实施日常管理工作，进行决策、组织、指挥等管理活动，以提高综合管理和灵活应变能力等。

（三）以身作则

作为一名管理人员，"以身作则"恐怕是最有说服力的行动了，因为管理人员最最忌讳的是要求别人干的工作自己却做不到。在日常考勤、劳动纪律、着装、言谈举止等等方面都要严格要求自己，处处给员工们做出榜样，正如一句老话说得"打铁先要自身硬"，只有这样才能达到管理的目的，收到预期的效果。当代管理者的根基在于政治上的成熟，无论在什么时候，处于什么环境，都要有坚定的政治信仰，都要保持清醒的政治头脑，要把握正确的政治方向。牢固树立共产主义远大理想和中国特色社会主义的坚定信念，永远将其作为精神支柱和立身之本。要坚定正确的政治立场，认真贯彻十八大会议精神，在思想上、行动上与党中央保持高度一致，坚定不移地走中国特色社会主义道路，努力在实践中增强政治敏锐性，提高政治鉴别力，经受住各种考验，始终做到"靠得住"。要坚持正确的政治观点,面对国内外复杂的形势,管理者必须善于运用马克思主义的立场、观点和方法指导自己的思想和行动,要坚持党的领导,积极拥护和执行党的路线、方针、政策,时刻以党和国家的利益为重。

(四)清新、民主的作风

管理工作是组织内部全体成员共同进行的活动,作为管理者,要发扬民主作风,处理好各种关系,认真听取和集中部属的意见,最大限度地发挥部属的积极性,避免主观武断。要坚持民主集中制原则,始终坚持集体管理,统揽全局而不包揽一切,广开言路而不闭堵言路,坚决防止"一言堂"。要讲原则、讲大局,虚怀若谷、海纳百川,大力倡导谅解、团结、友谊的良好作风。要坚持走群众路线,尊重群众的首创精神,善于从群众创造的经验中汲取营养。要诚心诚意地倾听群众的批评和建议,及时了解群众的需求,努力解决群众遇到的难题,做到权为民所用,情为民所系,利为民所谋。要敢于讲实话、办实事、求实效,不摆花架子,不搞形象工程、政绩工程,努力营造求真务实的良好风气。

(五)清正廉洁

一要树立正确的权力观。管理者手中的权力归根到底来自组织,所以它只能用于为组织谋利益,绝不能用手中的权力为个别人和小集团谋取私利。应做到"权大不忘责任重,位尊不移公仆心"。二要树立正确的利益观。作为管理者,必须"先天下之忧而忧,后天下之乐而乐",物欲面前保持平常心,做到予我之物不苟求,他人之物不必求,身外之物绝不求,无论在任何地方、任何时候都要忍得住清贫,耐得住寂寞,抗得住诱惑,永葆高风亮节。三要大力弘扬艰苦奋斗的精神。艰苦奋斗是管理者的政治本色和不竭的力量源泉,越是改革开放,发展社会主义市场经济,越要弘扬艰苦奋斗的精神。四要认真负责。自觉实践"三个代表"重要思想,牢固树立正确的世界观、人生观、价值观,解决好权力观、地位观、利益观的问题,在改造客观世界的同时改造主观世界,时刻自重、自省、自警、自励,不辜负组织的期望。

第三章　树立管理者权威

　　管理者的权威，指的是管理者在组织管理中的威信、威望，是一种非强制性质的"影响力与领导力"，管理者权威的树立并非来自于其职务与权力的大小，而是与管理者个人修养、品质、知识、思想、作风、水平与能力等个人魅力息息相关；与管理者同组织人员之间的感情交流、共鸣、信赖有关。管理者个人权威的影响范围与影响力度比权力性影响力广泛的多，吸引着组织人员自动向管理人员周围靠拢，形成无形之中的一种认同感与服从感，与权力相比，管理者权威往往发挥着更强大的影响与约束作用。

　　当代管理者深刻认识到权威的树立对公共管理、组织管理、行政管理的重要性，并积极探讨树立管理者权威的重要方法与理论研究。

一、权力与权威的区别

管理者的权力与权威是有很大区别的，管理者的权力是指管理者一经上任就被赋予的特殊职能，包括职责范围内的指挥或支配力量，其本质产生某种特定事件的能力或潜力；管理者的权威却是依靠管理者自身的特质、品格、魅力而在无形中培养起来的一种对组织成员的影响力，管理权力依靠强制性权力推行，而管理者的权威则是主动去影响、去感染、去号召，甚至在某些情况下，权威比权力更为重要。

权力与权威的区别：

1、权力的基础是与权力相联系的职位以及其相应的对于人、财、物的控制力，权力的大小往往取决于职位的高低；权力的主要特性在于其具有强制性，是必须被服从

2、权威的基础是领导者的个人知识水平、能力、道德修养等各方面的素质，甚至其人格魅力；权威的形成没有强制性，对权威的服从是出自被领导者的自愿

二、权力与权威的联系

权力与权威的联系：有权力未必有权威，有权威也未必掌握权力；优秀的掌权者，应当注重自身权威的树立。权威与权力的关系实际上就是主观与客观的关系：一方面，权威以权力为基础上下波动，权力的大小在根本上决定着权威的大小，权力的发展方向与发展规模在根本上决定着权威的发展方向与发展规模，权力如果发生了变化，权威迟早会发生变化；另一方面，权威的大小可以在一定程度偏离权力的大小；第三方面，权威会对权力产生一定程度的反作用。

三、巴纳德权威接受论

（一）定义

"权威接受论"见于切斯特·巴纳德（Chester I. Barnard）著作《经理的职能》一书："如果经理人员发出的一个指令性的沟通交往信息为被通知人所接受，那么对他来说，这个权力就是被遵从或成立了。于是，它就被作为行动的依据。如果被通知人不接受这种沟通交往信息，就是拒绝了这种权力。

按照这种说法，一项命令是否具有权威，决定于命令的接受者，而不在于命令的发布者。"这是巴纳德对权威的一种全新的看法。被人们称为"巴纳德的权威接受论"。

巴纳德的权威接受论，其本质是管理的民主化。权威接受论的逻辑起点，是每个人的自由选择。

（二）条件要点

管理者的权威不是来自上级授予，而是来自下级的认可，上级只能授给你权力，但无法授给你威信。上级授予权力，只有当下级愿意接受时，才是有效的。权力，归根结底是由下级给予的。在向上级负责的同时，必须争取下级理解、认同拥护：巴纳德认为，权威是组织内部的"秩序"和信息交流的对话系统正常与否的表征，他提出：管理者权威必须具备以下四个条件，如果在这四个方面大打折扣，那么管理者的权威就会受到影响，甚至丧失。

1、是人们能够理解的东西，无法被人理解的知识不可能具有权威性；

2、和组织的目的不矛盾，如果执行人认为指示同组织的宗旨不相符合，指示也难以得到执行；如果一项指示，被认为会损害作为组织一员的个人利益，下属就缺乏执行的积极性，会采取回避、假装生病、表面应付、自动辞职等行为。

3、可以和个人的利益并存，如果一个无法完成的指示勉强组织成员去执行，结果只能是要么敷衍了事，要么拒绝执行。按照巴纳德理论，只有被下属接受和信任的管理者，其指示、建议、要求才具有权威性。

4、在精神和肉体上有实行的可能，那么通常个人会接受这个命令，相反下属没有身心条件完成管理者者的指令，那么管理者的权威也会受到很大的影响。

（三）意义

权威接受论将导致民主作风。这是权威接受论所必然导致的领导行为，其特点是讲求民主，注意倾听下级意见，吸收其参与决策过程，主要不是靠行政命令，而是靠个人的高尚品德、业务专长所形成的个人权力来推动工作，权力定位于群体。具有民主作风的管理者，就是指那些以理服人，以身作则的管理者。他们使每个人做出自觉的有计划的努力，各施所长，各尽所能，分工合作。

四、管理者权威的树立

（一）以良好的沟通树立权威

根据巴纳德的观点，所谓权威是存在于正式组织内的一种秩序，是信息交流的对话机制。而检验权威是否存在的标准是被管理者是否执行了管理者的指示，也就是说权威的建立取决于组织内个体对信息的接受和认可，而接受和认可的重要条件之一是组织内有效的人际沟通。因此，在组织内部管理者和组织成员之间建立起有效的人际沟通关系就显得特别重要。

然而传统管理模式核心强调管理者的权力和威严。内部有效沟通的最大障碍在于管理者容易在权力幻想之下，在沟通之中容易以自我为中心，缺乏客观、公正、公平之心，既不能正视自我也不愿正视他人，更谈不上设身处地站在对方的角度考虑问题，仅仅是把信息传递出去，忽视了组织成员们的感受。然而在当今社会，组织内部多样化程度越来越高，相互之间的依赖也越来越强，各种对目标、职责、利害关系等认识的分歧也越来越大，管理者应该给予组织成员以其充分表达意见的机会，认识到组织成员对组织生存发展的重要意义，管理者通过有效的沟通，不仅可以与组织成员交流感情，与组织成员之间产生一种亲切感，更是可以在沟通之中创造自己的价值取向与思想观念，对组织成员起到教导引领作用。

（二）以优良的品格树立权威

富兰克林说过："品格，是人生的桂冠与荣耀。它是一个人最高的资产，它构成了人的地位和身份本身，它是一个人在信誉方面的全部财产，它比财富更具有威力，一个人的品格，比其他任何东西都要显著的影响别人对他的尊重与信任"。良好的品格是管理者树立权威的关键与基础，管理者的品格包括管理者的生活作风、工作作风、思想品德等，体现在管理者的一言一行之中，良好的品格对管理者人格与魅力的塑造起着至关重要的作用，对组织成员起着指引与导向作用，对整个组织起着模范、带头、凝聚作用，如果一个管理者没有良好的品格，甚至可以说是道德败坏、作风不正、以权谋私，那么其就不再具备给组织成员树立榜样的资格，不再具有管理权威，甚至不能够继续在管理者的职位上继续工作，因为品格一旦出现问题，对管理者的影响是持久深远的；同时如果管理者表里不一，表面上讲品格，实际作为却与之严重不符合，不仅不会给组织成员以人格魅力影响，甚至会引起组织成员的反感，造成组织涣散，人心不齐。管理者良好品格的形成，来自于管理者自身的约束与生活中的积累，管理者养成良好的品格，要树立正确的世界观、人生观、价值观，自觉抵制不良风气、端正理想信念与思想观念，发挥先进领导者对自己的影响，用科学的思想武装自己。

（三）以渊博的知识树立权威

渊博的知识是成为管理者的先决条件。一位合格的管理者不仅要有丰富的管理知识、管理经验，还必须要具备相关领域的专业知识，包括社会学知识、心理学知识、法律学知识、行为组织学知识等等，在面对复杂的管理工作、面对各种突发情况之时，能够快速及时作出决策，处理好各种问题。渊博的知识是管理的基础，是提高管理者工作效率的重要保障，管理者能够以其丰富的知识在工作之中给予组织人员以专业指导，能够对组织人员进行心理上的把握，以便及时进行沟通，解决管理中出现的人际关系问题，在潜移默化之中给予组织人员以魅力影响，这种影响是超于职权之外的。

管理者的职位越高，对管理者知识储备的要求也就越高，随着社会的快速发展、网络的普及、科学技术的进步，管理环境与管理方式发生了巨大的变化，管理者应该不懈学习，树立重视终身学习观念，适应发展变化，不断提高自己的业务知识能力，以渊博的知识树立管理权威。

（四）以真挚的感情树立权威

感情是人们内心的各种情感、行为、思想的一种综合的心理和生理状态，是人与人之间因为联系、往来而产生的心理依赖，感情的内容多种多样，包括喜、怒、哀、乐、自豪、骄傲、钦佩、羞愧、嫉妒等等，如果人与人之间建立了良好的感情关系，形成相互信任与依赖，便会产生一种亲切感与共同感，管理者只有将单位组织的利益与组织人员的利益作为最高的利益，才能够与组织人员之间建立一种良好的人际关系，形成真挚的感情交流，形成彼此之间的相互影响。

如果管理者与组织人员之间缺少交流沟通，可能会造成双方心理上的隔阂与距离，组织人员觉得管理者高高在上，不可接触，对管理者的信服程度便会降低，从而影响管理者的权威树立。组织中的管理者想要最大限度的发挥其个人权威影响力，将其决策与命令变为组织成员自愿的服从，应该改进工作方法，深入管理基层，加强对组织成员的关心与理解，与组织成员之间形成一种和谐亲密的关系，取得彼此感情上的沟通。

（五）以出众的能力树立权威

管理者之所以能够成为管理者，不仅需要优良的道德品质、深厚的专业知识，最重要的是要有出众超群的能力，对于管理者来说，"能力"包括预测能力、决策能力、计划能力、组织能力、沟通能力、协调能力、控制能力、表达能力、执行能力、解决问题的能力等等，出众的能力使得管理者能够合理安排工作中的各项事宜，积极应对管理中出现的特殊情况，一个才干超群的管理者能够给整个组织单位带来希望，给组织成员带来一种安全感与依赖感，使得整个组织单位对其产生一种发自内心的折服感、敬佩感，组织成员在不自觉之间会接受管理者的思想方式、行为方式，坚定不移地追随管理者的脚步。

因此管理者要注重个人能力与综合素质的培养，注重与组织目标的结合，上级管理者要为下级管理者的能力培养创造良好机会，建设有利于管理者能力培养的环境条件，鼓励下级管理者大胆尝试，敢于创新，深入基层，积累经验。

各级管理者在工作与生活中学会仔细观察与倾听，注重理论与实践的结合，加强理论培训与实践锻炼，注意发现事物的特点与细节、纵观全局、时刻保持清醒的头脑。

（六）以卓越的工作成绩树立权威

除了工作态度、工作能力、专业知识之外，突出的工作绩效也是管理者胜任管理角色的重要指标，更是管理者取得个人权威的决定性因素，卓越的工作业绩是管理者具备非凡能力的最有力证明。

管理者之所以能够从普通组织成员中脱颖而出，业绩是评判其能力的核心因素，也是令其他组织成员信服的基础，管理者在担任组织的管理者之后，在将工作重心放在放在组织的管理之中时，也不能松懈其个人本职工作，管理者在日常工作中要起到领导带头作用，身先士卒，

以单位目标为基础，制定自己的工作目标，在工作者中制定科学合理的规则，为组织成员的前进指明方向，明确清晰组织绩效标准，及时监控绩效考评，加强个人能力培训，对工作中出现的问题与失误要及时总结，在管理工作要学会用人所长、避人所短，实现管理优化，取得卓越的管理成绩，争取组织成员对管理者能力的肯定。

（七）以榜样的行为树立权威

榜样是组织机构的中坚力量，他们的行为在整个组织机构中占有重要的地位，发挥榜样的力量是我国文化的特色，在我国的事业单位与行政组织中，最受组织成员敬佩爱戴的是组织中的榜样，榜样能使价值观人格化，成为组织成员效仿的典范。榜样行为的影响力在构建管理者管理权威的是一种非权力的影响力，在管理者的管理工作中，管理者以身作则，严格规范自己的一言一行，通过自己的行为给组织成员提供一种值得学习与效仿的模式，组织成员通过耳濡目染，侧面了解等方式，将管理者的行为内化为自己的主观意识，进而影响组织成员的思想感情与态度观念，通过主观意识、态度情感的改变对组织成员的行为产生根源性地影响，使得组织成员在不自觉之中对管理者产生一种依赖感与信服感，在这种情况下，管理者的工作回产生巨大的号召力，使得管理工作深入人心。

因此管理者在管理工作中要注意言行，以严格的标准来要求自己，以身作则，敢于承担责任，敢于接受监督，创造带头学习的氛围，帮助员工树立正确的世界观、人生观、价值观，时刻起到先锋模范带头作用。

（八）以良好的信用树立权威

信用是衡量一个人可信与否的价值标杆，更是衡量管理者管理能力与领导能力的标尺，管理者要想树立个人的管理权威，就必须做一个信用良好的领导者，这也是管理者获得事业成功的关键秘诀。

取信于组织成员，是管理者开展系列工作的基石，管理者只有做到言必行、行必果，组织成员才会对管理者产生信赖，愿意服从管理者的决策与命令，反之，如果管理者在日常管理之中经常言而无信，组织人员就会对其的话语与行为产生怀疑，导致执行效果大打折扣，如果这种情况问题得不到及时解决，管理者的信用度便会消失殆尽，其要求与决策失去应有效力，对整个组织产生不可估量的影响。

管理者在作出决定与承诺之时，要慎重考虑自身是否能够实现自己的允诺，答应组织成员的事情是否能够完成，坚持"说到做到"的原则，以良好的信用与组织成员之间建立良好的信任关系。

（九）与组织成员同甘共苦树立权威

管理者与组织成员之间应该坚守"同甘共苦"的关系守则，管理者只有与组织成员共同承担责任，面对风险，共享工作成果、发展成果、改革成果，才会激发组织成员工作的热情，激发组织成员创新实践、锐意进取，才能使组织创造更多业绩、不断发展、充满活力。如果管理者不敢担当责任，遇事逃避推脱，那么组织成员在进行工作时没有了支撑，没有了保障，就会无心工作，将会影响整个组织工作绩效。

管理者在管理过程中的工作任务是将工作进行合理分配，使组织成员各得其所、各司其职、才能得到充分发挥，使组织的战略目标在组织成员的共同努力下得到实现。管理者在此时应该承担起自己作为管理者的职责，负责全局的掌控与协调，维护整个管理机器的正常运转。

管理者要做到与组织成员同甘共苦，必须注意以下几个方面：

1、在向组织成员布置工作任务之时，管理者必须同时认识到自己的责任，不能将工作一概推之任之，要监督组织成员工作的进程与完成状况，给予组织成员指导，及时发现问题并规避风险，在问题发生之后，要采取紧急措施，快速反应处理，将损失减少到最小。

2、管理者必须明确组织成员的直接责任与自己的管理责任，不能以各种理由推脱或者逃避，也不能含糊其辞、模棱两可。

3、管理者如果对每个人的工作任务与责任进行了分配与明确，就必须信守诺言，公道办事，在处理问题时不能互相指责推诿。

（十）以公平公道树立权威

管理者在处理公务、分配任务、进行管理工作之时、能否公平、公正是组织成员判断管理者管理能力与管理水平的核心保准，处理问题是否处于公心、是否合情合理、是否站双方角度处理问题，都直接反映了管理者的领导能力，决定了管理者自身形象与权威的树立。

1、组织成员有可能来自于不同的学习环境与生活环境，有着不同的性格、特征与爱好。一部分组织成员热情开朗、性格活泼，与管理者性情相投，关系密切，很得管理者赏识；一些组织成员则比较沉稳，与人接触较少，与管理者之间除工作以外的联系较少。管理者在处理与组织成员的关系的过程中，应该注意避免情绪化，增加与组织成员的沟通交流，学会倾听组织成员的心声与意见，适当调整情绪，以免因缺乏沟通造成不必要的误会与隔阂。

2、管理者在处理组织成员之间关系之时，要一视同仁，一碗水端平，如果组织成员之间因误会造成摩擦或者因工作失误引发争端，管理者在此刻不能凭借感情等因素偏袒任何一方，而是应该调查清楚事情真相，坚持公正客观的态度，对事情做出公开公正合理的解决，只有这样，才能赢得组织成员的信赖与拥护。

第四章　管理者用人艺术

"功以才成，业以人广。"。人才是管理者成就事业的关键，是当今最重要同时最稀缺的战略资源与核心能力。如何吸收并使用好人才资源是每一位卓越的管理者必须面对的基本工作和考虑的基本问题。

在管理中，管理者在组织中处于领导与核心地位，掌控全局动态，管理者的用人水平与用人艺术影响着国家职能、组织职能与行政职能的实现程度，决定了管理的水平的发挥。行政管理者的用人艺术是管理艺术的重要组成部分，管理者如果能将用人艺术进行灵活运用，掌握用人之道，形成一整套独特的用人方法，在组织管理之中适时协调组织内部的成员关系，充分调动组织成员的积极性，就能为顺利的实现组织活动目标提供有力的保证。

一、中国古代管理者用人之道

管理是一门科学，更是一门艺术，管理者的用人艺术作为管理艺术的核心内容之一，不仅决定了管理者的管理水平，也很大程度上影响着组织机构的发展，乃至存亡。中国古代的政治家思想家们在探讨治国理政之路的同时，深刻认识到人才对于国家强盛的重要意义，积累了丰富的用人思想与用人经验，给当今管理者识人用人提供了丰富的借鉴与参考。

（一）人才的作用——治世之本，唯在用人

国之宝器，其在得贤，任用人才，首先要对人才有充分正确的认识。认识到人才是统治者治国理政的基础与根本。

1、贤才，国之宝也

"贤良之士，此固国家之珍而社稷之佐也。"，在墨子看来，进献国宝，不如举荐贤能的人才，人才才是真正的国宝，是国家社稷的基础。"士贵耳，王者不贵。"，《战国策》甚至将人才提到更高的地位，认为人才才是尊贵的。《吕氏春秋》中说"得十良马，不若得一伯乐；得十良剑，不若得一欧治；得地千里，不若得一圣人。"，东汉班固在《汉书·梅福传》中也谈到"士者，国之重器；得士则重，失士则轻。"。由此可见，古代统治者等对人才的作用有着高度统一的认识。

国家治理施政，盛衰兴旺的关键在与人，得到人才，君主就能得到治理国家的计谋，可以做到功成名就，彰显美德，为国家长治久安打下基础。得到人才，人民就没有怨恨抱怨，百姓才会信服，国家才会安定和谐，天下才会安定太平。

2、欲成大事，以人为本

"天下之事，非贤不理；天下之业，非贤不成"。重用人才是执政者成就大业的基础。治国理政的关键，在于得到人才，统治者都希望国家富强，人口兴旺，并用礼法，但若不崇尚重用贤良人才，反而会贫穷寡弱，自取恶果。

3、人存政举，人亡政息

"国之将兴，必有祯祥，君子用而小人退；国之将亡，贤人隐，乱臣贵。"，正如司马迁所说的，国家兴盛，定会有吉兆，君子得到重用而小人得到罢黜；国家衰亡，则贤能隐退，乱臣得势。使用人才是国家头等大事，领导者若是不能任用贤才，则会导致国家灭亡。

（二）人才的辨识——知人用人，辨识有方

"得人之道，在于知人"，为治以知人为先。任用人才要以识别人才为基础条件，这是用人的根本，如何正确的识别人才是统治者面临的一个重要难题，为此，古代政治家思想家总结了大量识人辨人的方法，为统治者识别良才提供了借鉴。

1、听言观行，知人良法

天有天道，人有人道。人总是可知的，都是有规律可循的，根据某人的实际行为表现，听其言而观其行，透过表象看本质，总可以正确认识人才。

中国传统文化中总结出一系列识人之法，强调听其言而观其行的原则。如孔子的听观法："视其所以，观其所由，察其所安，人焉瘦哉。"，庄子的"九征法"，都强调从一个人言行来判断他的德行，以此来彰显其内心的性格特点，将言行作为判断人才的最基

本标准。

清朝末年的著名的政治家、战略家曾国藩不仅善于使用人才，而且善于识别人才，拥有一套独特的识人方法，曾国藩运用其独特的识人方法，对人的言行举止进行观察，发现了刘铭传这位大将之才。同时，曾国藩吐尽毕生心血，总结自身识人、用人的心得，编写了一本关于识人、相人的经典名著——《冰鉴》。对后世识人鉴人具有极强的启迪性与实用性。

2、广其听民，野无遗贤

"人君之所士也，不能参听民氓，断之聪明，反徒信乱臣之说，独用污吏之言，此所谓与仇选使，令囚择吏也"。百姓是人才的伯乐，君主选用人才，要广泛听取和检验广大民众的意见，不能偏听偏信，专断不明。这样才能使人才得到更好的挖掘，不至于埋没人才。

孟子在《孟子·梁惠王下》中也谈到"左右皆曰贤，未可也；诸大夫皆曰贤，未可也；国人皆曰贤，然后察之；见贤焉，然后用之。"由之可见，百姓的评价与肯定，是鉴别良才的重要标准。

东汉时期，刘宽谦卑待人，性情温和，仁厚忠恕，受到百姓的一致好评。最终得到汉桓帝重用，由一个小小的内吏升职为太守，成为国家的栋梁之才。

（三）人才的选拔——德才标准，制度保证

1、选贤任能，德才兼备

"选贤任能，德才兼备"。体现了我国传统的"尚贤"思想，"不党父兄，不偏富贵，不嬖颜色。贤者举而上之，以为官长。"。任人皆以贤能作为主要标准，也因此打破了世卿世禄制对

官僚体制的束缚。墨子不仅要求天子要任用贤才，更直接希望太子应该由"贤于天下"者出任，具有一定的民主色彩。

对于人才的标准，在中国传统文化里，虽然不同时期不同时代各有主张，但在德才兼备已经成为大家的普遍共识。如孔子在《论语·述而》中要求"志与道，据于德，依于仁，游于艺。"荀子在《荀子·王霸》中主张"论德使能而官施之者，圣王之道也，儒之所谨守也。"，《礼记·礼运》中也提到"大道之行也，天下为公，选贤与能，讲信修睦。"由此可见，德才兼备已成为判断人才必不可少的标准。

2、但问功能，不拘资格

坚持德才兼备，任人唯贤，那么又应该如何做到任人唯贤？对此，古代思想家、政治家们主张不论私仇，不限年资，不拘贵贱，不拘常格，一视同仁。如《墨子·尚贤》中"不便贫富、贵贱、远迩、亲疏，贤者举而尚之，不肖者抑而废之。"，《荀子·王制》中"贤不能待次而举，罢不能不待须而废。"都主张不分家庭贫穷、身份贵贱、关系亲疏远近，只要是贤能人才就举用他，不用按照级别次序而课破格提拔；而对于无德无才的人则要立即罢免他们。以免造成廉耻不分，好坏混淆。

3、选贤举能，制度保证

（1）察举征辟制

所谓察举就是地方或九卿考察贤才并举荐给中央。这一制度很早就已经存在，但是在西汉成为定制，察举主要的科目是"孝"、"廉"，"孝，谓善事父母者；廉，谓清洁有廉隅者"。在东汉与察举同行的还有征辟制，它是指不经郡国荐举的程序，直接任用的用人制度。

察举征辟制相对于"世禄世卿制"具有很大的进步性与优越性，它一定程度上满足了官僚体制扩张的需要，为统治阶级吸引了大量的优秀人才，而且还打开了社会底层的士子入仕的通道，符合人民群众的呼声。当然由于时代的局限性它也存在一定的问题，比如举人唯亲等。

（2）九品中正制

东汉末年战火连天，百姓流离失所，传统的察举征辟制已经很难实行，满足不了政府对人才的需求，九品中正制就应运而生。其大致内容如下：在各州、郡、县置中正官，负责品评本地的士人，品评侧重于"家世"、"行状"，然后确定品级，品级共分九等；然后逐级上报，最后由吏部按品级斟酌授职。晋至南北朝时期九品中正制成为选官用人的主要制度。但同时察举制依然存在。

九品中正制虽然顺应了动乱时代的特点，维护了社会的稳定。但由于其一出身门第作为品评的主要依据，而品评的结果又是授职的主要参考，所以存在着很大的弊端：导致门阀控制政权；压制了社会阶层的流动性，造成"上品无寒门，下品无世族"的现象。

（3）科举制

正是九品中正制存在以上缺点，隋文帝统一全国后，为了加强中央集权、改革吏治，首创了科举制，设"秀才、明经"两科。即使是寒门子弟只要通过考试就能入仕做官，符合了广大寒门才的呼声，打击了世族门阀的势力，扩大了统治基础，满足了朝廷对人才的需求。后来隋炀帝加设"进士"科，后来唐朝继承和发展了这一制度，使科举制在唐朝进入鼎盛时期。

隋朝科举选官，有效的把读书、应考和做官三者紧密的结合起来，逐步促成了"学而优则仕"的传统。

（四）人才的任用——善任有为，量才使能

量才使用是一种管理艺术，是按照人的德、才具体情况，给予其适当的职务，充分发挥其智慧和能力。知人善任体现管理者应有的修养与品质，善用人者能成事，能成事者善用人，能知人后就要善用。作为管理者应该区别人才，灵活用之，中国传统文化中对如何用人、怎样发挥人的才能有着比较深刻的见解。

1、不拘一格，用长避短

尺有所长，寸有所短，对于管理者而言应该"用贤去邪，用长避短"。"任人之长，不强其短；任人之工，不强其拙。此任人之大略也"。

"明君之举其下也，尽知其短长，知其所不能益，若任之以事。贤人之臣其主也，尽其短长与身力之所不至，若量能而授官。"用长避短首先要了解下属的优势长处，熟悉其缺点不足；然后就可以因能授官，使人得其位；然后就要合理配置组织内部的人才分配，这样既可以使人才相互取长补短，相得益彰，还可以规避、克制某些缺点。如刘邦就是一个明于知人择长而用的开明君主，他手下的人才集团，韩信、萧何、陆贾等各得其所，形成一个高效的领导集体。又如曹操多次发布《有司取士无废偏短令》，不管以前做过什么错事，只要有安邦定国之能就加以礼用，唯才是举。

曹操不计私人恩怨大胆任用张秀等人；唐太宗对犯错的长孙顺德不罚反而予以加赏，倒起到了很好的惩戒作用。他们用人不拘一格，成就了一番伟业。成为中国历史上用人的典范。

2、量才授官，录德定位

"德薄而位尊，知小而谋大，力小而任重，鲜不及也。"，德行浅薄而居于高位，才能不足而谋划大事，力量弱小却担负重任，

将会惹出不少事端，导致众官不合，政事杂乱。因此，一个明智的领导者应该量才授官，录德定位，克服"大材小用"与"小材大用"的现象，使人才各得其职，各得其所。"君子量才而授任，量任而授爵，则君无虚授，臣无虚任。故无负山之累，折足之忧也。"。治理国家的关键是用人，用人的关键是任官。

如唐太宗李世民用人，房玄龄善于处理政事，不知疲倦、鞠躬尽瘁，所以太宗让他做了中书令，负责全国政事；魏征总是关心诤谏之事，常常直言不讳，太宗就让他做了谏议大夫，专司谏议；李靖文武双全，太宗任命他做检校中书令。他们三人各得其位，相得益彰。在他们的辅助下，开创了贞观盛世。

3、用人不疑，虚怀纳谏

曹操主张"疑人不用，用人不疑"，虽然他本人生性多疑，但他对自己任用的人才却很有信心。"用人之术，任之比专，信之比笃，然后可以尽其才，而可共成事"。然而在中国传统社会，执政者给予下属以充分的权力未必换来下属的死心塌地。将能而君不御，从理论上说是很容易的，但实际上做起来很难实行。春秋战国时期很多人才都因为担心君主的猜忌而逃亡他国，造成"晋才楚用"，甚至法家认为"人主之患在于信人"。这也说明给予下属适当的信任对组织很重要，而且贤明的君主都会选择相信臣下。

唐太宗、魏征这对儿明主贤相早已经成为一段佳话，唐太宗吸取前朝灭亡的教训，主动倡导谏诤，不因人废言、不计较言辞态度，奖励直言、保护诤臣，重视谏官，知过能改，在太宗的鼓励倡导下，君臣之间开诚布公，谏臣盈庭，讽谏蔚然成风。领导者虚怀纳谏是需要一定的自知之明以及度量的，每个人都有自己的不足，况且其精力也是有限的，事必躬亲不可能尽善尽美，必须集思广益；而如果没有容人的雅量，也很难得到正直的谏言。

4、赏罚并用，灵活用人

国君赏罚不分，无法令人信服，不能调动人才的积极性，国家就会陷于混乱，所以古人把赏罚看作为管理人才的关键。"治国有二柄：一曰赏，二曰罚。赏者政之大德，罚者政之大威也。"。怎样使用好这治国二柄，首先，赏罚必须起到劝诫的作用，赏要能够为人信服，激发人们的积极性；罚要给人以警惕，"杀一儆百"。其次，赏罚必须公平，不能偏私，"使内外异法也"。最后，赏罚力度必须得当，不能滥赏滥罚，也不能起不到激励作用。赏罚是一种很好的激励手段，但一定要用好，不然很容易起到相反的效果，往往会适得其反！

除了赏罚并用，赏罚有度外，管理者还要审时度势、灵活用人。人才的品性不同，才识不同，而社会环境也不同，必须把社会条件和人才综合考虑，灵活使用人才。在战乱年代，本就人才凋零，如果此时仍然秉持德才兼备，以德为先的标准，恐怕会错失很多人才。曹操生当乱世深知其中道理，所以对人才从不苛求，他提出"举贤勿拘品行"，广开才路，建立了最为庞大有效的智囊团队，助他成就霸业。而在和平时期，取士还是一个坚持德才兼备的标准，不断优化官僚队伍，还要保证人才的新老更替使不匮乏。

5、协调矛盾，合理配置

任何一个组织在成长的过程中，人才济济是值得高兴的事，但凡是有才之人都有其毛病，这时很容易出现组织内部不和的现象，这不仅有碍个人才能的施展，而且不利于组织的发展，因此协调好内部矛盾也是管理者用人必做的工作。蜀汉的诸葛亮以身作则，谦逊待人，对于部属之间的矛盾，如关羽不服马超、张飞与刘巴不和等，做了很多协调工作，维护了内部的团结，更维护了蜀汉政权的稳定。陈寿称赞他"刑政虽峻而无怨者，以其用心平而劝戒明也"。

从组织内部的战略目标与任务出发，将人才结构进行优化，使人才搭配更加合理，实现最佳组合，充分发挥群体的作用，提高整体功能，是一个管理者所必须考虑的重要课题。每个人才都有其最擅长的方面，管理者必须量才而用，并且要合理配置人才资源，以实现整体最优。

（五）人才的考核——立政之道，查吏为先

在用人之后一定要对所任用的官员加以考核，以及时进行"赏善罚恶"。这样才能保持官员的廉洁清正，最大的发挥官僚队伍的治国理政作用。

1、行政体系，监察考核

为维护统治秩序，对人才团体即所谓的官僚机构进行监督考核，我国古代官僚机构内部制定了一系列的官员绩效考核制度，这是一项极具特色的人事管理制度，如周朝以"三宅三俊"作为考核官吏绩效的标准，秦朝与汉朝的"上计"，将考核内容更加完善、细化，唐宋的"善最"考课，考核制度作为常设的政治制度，不断发展与完善，考核制度对官吏的政绩、道德品质、治世才能进行评价，使能者晋升，得到重用，正所谓"大道之行，天下为公"，中国传统的官吏考核制度对经济的发展，社会的进步起到了一定的推动作用。

2、以贤察贤，询之众人

除了正常的吏部定期对官员进行考核外，还有一些综合的考评

方法。以贤察贤就是指让已经被考评为"贤人"的人去考察其他人，或者用他们的标准去考察其他人。询之众人就是指让大家一起评价某人的方式，广泛发动群众参与考评。

这两种方法不仅可以用来考核，也可以用来发掘新的人才。诸葛亮就是通过以贤察贤的方式被刘备请出山的，如果没有徐庶向刘备推荐诸葛亮，也不会有后来的"三顾茅庐"和"隆中对"。访到人才后，不知如何任用也可以用"询之众人"的方法，"明主之选将帅也，访于众、询于人。若十人爱之，必为十人之将，百人悦之，必为百人之将；万人伏之，必为万人之将。"

（六）人才的培育——容才为上，育才为任

管理者的包容是一种美德，凡是善于用人，能够成就事业的领导必然有一颗包容之心，当然，容才之量，不是对人才缺点的一味迁就，放任不管，而要讲究一定的方法，对待人才出自爱心，引导教育，才是管理者的容才智慧。此外，古人早已认识到，人才由陶冶而成，只有培养人才，才会有不断的人才可以使用，历代治国者都重视人才的培养与储备，把培养人才作为国家重要事务。虽然各个时期对人才的要求不尽相同，但一致以教育为先。

1、乐成其美，不求其备

"天下万事，不可备能，责其备能于一人，则圣贤其犹病诸！"。人的才能德行，自古以来就很少有完备的，人有其长，也必然有其短处，君子用人，应该有包容之心，对待人才，不能求全责备。同时，对于细节上的问题，只要不妨碍其优点的发挥，应给予教育引导，不必过于追究。爱护人才，多以宽容，就可以获得众多人才。

2、终身之计，莫如树人

"马不伏历，不可以趋道，士不素养，不可重国。"，政治的得失在于教育，管理者需要人才，为了提高人才的数量和质量，作为统治者必须重视人才的培养，建立养才育才的保障制度。汉代以前中国的人才培养教育大部分止于民间，比如万世师表的孔子育有七十二贤，也都是通过情景和对话的方式私下授教的。汉武帝"罢黜百家，独尊儒术"后推动了官学的兴起，以太学为中心的领导教育体系逐步形成，后来各郡县各自建立了官学："郡国曰学，县、道、邑侯国曰校，校、学置京师一人。乡曰庠，聚曰序，序、庠置经师一人"，以致班固在《两都赋》中写到："四海之内，学校如林，庠序盈门"。与此同时各地的私学也如雨后春笋般涌现。

统治者重视对人才的培养很大程度上满足了国家治理的需要，平衡了官僚队伍的正常代谢，推动了社会文化水平的提高，促进了社会阶层的正常流动。但由于封建专制主义的影响，官学及私学的发展并不是一帆风顺的。

（七）传统用人方面的不足

首先，中国传统上是典型人治社会，统治者多凭自己的喜恶爱好来识人用人，具有很大的主观性，很多领导者任人唯亲，妒忌贤能，对部署几多防范，对臣下缺少监督管理。

其次，中国传统用人的目的更多的是为了成就某些人的霸业或维护统治者的统治。这一目的本身就很难和人民群众的利益完全一致，所以在不危及统治的情况下会任用很多贪官酷吏，甚至会把任用酷吏当作统治的手段。为了巩固统治阶级利益宋朝实行"荫任"制，而中国的门第势力也一直左右着政局，更有甚者出现了卖官鬻爵的现象，奸人当道，阻碍了真正人才的上升渠道。

最后，在中国历史上常有"飞鸟尽，良弓藏；狡兔死，走狗烹"、大戮功臣等令人心寒的现象。这些现象背后是封建专制主义统治的残暴本质，帝王的自私以及对臣下不信任，授权更无从谈起，打击了人才的积极性与创造性，也造成很多德才之人归隐山林。更有一些无能的君主，自己资质平平不思任贤用能却嫉妒人的才华，没有容人的雅量，甚至残害人才。

（八）传统用人艺术对现今借鉴意义

虽然中国传统用人方面因其特定社会历史有其局限性，但不能否认我国历史上在用人艺术方面的独特成就，其对当今的领导管理仍有许多值得借鉴的地方。

第一、全社会要真正形成"尚贤"之风。人才是"兴国之要"、"国家之珍"应该得到社会的尊重，务必使人尽其才，给人创造施展才华的机会、平台。

第二、用人要德才兼备，不拘一格。"德才兼备、以德为先"是中国传统用人思想的精髓，在识人任人时应该全方面的考核人才，注重品德素质。另外，有才之人总会有不同常人之处，应该"不拘一格降人才"。

第三、应该建立严格地人才监督管理制度。加强对人才的管理不是对人才的不信任，而是为了保障人才健康成长，走上歧途。也是为人才建立一个稳定有序的制度框架，有利于其发展。

第四、应该建立公平公正合理的竞争机制。竞争是市场经济的基本特征，在人才的使用上也应该贯穿这种思想，优胜劣汰、赏罚分明，排斥滥竽充数之徒，给予优秀人才以适当的激励，最大发挥人才的积极性与创造性。

第五、国家应该建立健全人才培养的制度。应该树立"百年树人"的思想，有组织、有计划的为中国社会主义建设培育各类优秀人才，为中华崛起助力！

二、现代管理者的用人之道

"治国之道，唯在用人"，选才用人是管理者的基本职能，从我国古代领导者、管理者的用人之道我们可以得知，管理者能否做到知人善用是管理工作成败的关键，是事业兴衰的关键，更是整个组织机构长远发展的关键，在经济全球化和信息高速传播的大数据时代，管理者管理工作的实质其实是对人才的管理，对组织成员的管理，更是对领导人才的竞争。当代组织管理者对选才之道、用人之道的研究探索，显得意义重大。

（一）选才用人的理论基础

管理者根据组织整体目标制定的战略、决策、目标以及各种方针、改策，必须通过一定的人、通过相应的组织成员去贯彻执行才能得以实现，才能在整个组织中形成共识，选才用人可以说是管理者最基本的职能，现代管理者在总结中国古代管理者用人之道的基础上，在管理工作的实践中，总结出一整套选才用人的理论，为管理者真正做到知人善用、避开用人误区、实施有效的选拔人才方法奠定了坚实基础，概括来讲，人力资本理论就是现代管理着选才用人的基础性理论。其基本内容主要表现在如下几个方面：

1、人力资本概说

现代管理者的人力资源观念，是管理者在日常的组织管理之中，对组织之中人才的作用、人才的重要性、人力资源以及人力资源管理的总观点、总看法、总态度，管理者的人力资源观念是随着时代与历史条件的变化而不断变化的，现代管理者必须对人才与人力资源管理有正确的认识和态度，这是现代管理者选才用人的重要前提。

（1）人力资源的含义

总的来说，一个国家或地区的经济资源可以分为三种：自然资源、人工资源和人力资源。自然资源指的是人类从大自然中可以直接获取的，由大自然天然赋予的资源，包括空气资源、水资源、土地资源、矿产资源、生物资源等等，构成了人类赖以生存的基础；人工资源是指的经过人为加工的、人类赋予其价值的物质和精神产品的总称，如粮食、书画以及各种艺术作品、交通工具、生产工具以及市场上的生活必需品等；关于人力资源，郭庆松主编的《现代人力资源管理》中有明确界定："人力资源是指以人的自然生命机体为载体的，能够满足生产性、建设性或创造性需要的某种手段或东西"从概念的界定中可以看出，人力资源更多的指的是劳动力和人才资源，也就是凝结在劳动力和人才身上的某种生产能力或生产手段，这种生产能力与生产手段在现代社会中的重要性与影响力愈发突出，是人工资源开发的基础，也是社会财富创造的最直接、最根本动力，人力资源现已成为一个国家或者地区中最重要的资源，对于现代管理者来说，重视劳动力开发、关注人才的选拔任用，成为管理工作的重中之重。

（二）公共人力资源及其管理

1、公共人力资源管理的含义

所谓的公共人力资源与我们所说的私人部门或者企业部门人力

资源不同，它指的是在相关公共部门工作的人员，尤其是指在国家政府部门、事业单位等等具有从事公共事务管理或者行政管理的公职人员，特别是指行政管理人员、国家公务员等等，公共人力资源作为一种政府资源、一种公共性资源，与其他一般概念意义上的人力资源是有着巨大区别的。

对于一个组织而言，人力资源管理指的是以组织整体目标为前提，在合理制定人力资源规划的基础上，管理者运用相关手段与手法，实现组织岗位与组织成员之间的合理匹配，并通过一系列的管理手段，提高组织成员的工作素质、激发组织成员的工作热情与工作动力，协调组织之中各方面的关系，促进组织整体协调发展，以实现组织的整体目标。人力资源管理的概念与方法现已深入公共管理部门的人事管理之中，渗透于公共事业管理组织成员招聘、考核、录用、培训、升迁、调动、绩效评估、奖惩、退休等等的组织管理全过程，不断谋求人与人、人与事、人与组织、人与环境之间的协调。

2、管理者要树立正确的公共人力资源开发新观念

公共人力资源开发是指这个组织以及组织管理者为科学有效地发挥公共人力资源在工作过程中对社会进步和经济发展的积极作用而进行的资源配置、素质提高、能力利用、开发规划和效益优先等一系列活动相结合的有机整体。因此，当代管理者为了科学充分和有效地发挥公共人力置资源的积级作用，就应当树立正确的公共人力资源开发新观念。

（1）管理者应该深刻认识到人力资源对于组织生存与发展的重要意义，树立人力资源是第一资源的观念，人力资源作为一种经济资源，同时又具有开发自然资源与人工资源的作用，人力资源能

将科学技术转化为现实之中的生产力，管理者在进行组织管理活动之时，应该将人力资源作为第一资源，注重人才的选拔、人才的培养、人才的任用。

（2）明确人力资源开发的特殊性，人力资源不同于自然资源与人工资源等仅有的客观存在性，人力资源以人才作为基础，因此人力资源具有主观能动性，人力资源的发展与力量的发挥具有巨大发展空间，是可以进行控制协调的，所以管理者要衡量人力资源开发的程度如何，就要看它对人的能动性、积极性作用发挥得如何，人力资源的开发不仅是使用与消耗的过程，也是一个发展与提高的过程。

三、管理者识人选才

一流的人才，成就一流的事业，识人选才，是管理者任用人才的基础，也是管理者的基本职能之一，是管理者必备的用人艺术，管理者能否做到知人善任是管理者管理事业成败的关键。只有充分了解了一个人的学识、专业、性情、智力、爱好、经历，才能深入了解所用之人的长处短处，才能选拔出最合适的人才，使得人尽其所，人尽其才，同时也为组织注入新的生命力。

（一）管理者识人的艺术

1、认识到人才是管理者的珍宝

管理者作为整个组织的管理人、带头人，工作复杂繁琐，但其中最重要的工作包含两个方面：决策与用人，其中用人则最为基础，因为组织中的各项工作都需要通过人的努力付出才能实现，决策方案的实施与组织目标的实现都要通过组织成员来完成，这些组织成员，都必须具备较高的技术水平与工作能力。同时，管理者在组织与外界的公关关系处理与公关活动之中，需要具有专业人际沟通特长的组织成员来协助、来参与，保障工作的顺利进行。"人才竞争"现已成为国际竞争之中最主要的竞争，管理者只有认识到人才是珍宝，才能慧眼识珠，选拔人才，为人才提供展示才能的用武之地。

2、树立理性的人才观

行政管理者只有树立正确的人才观念，才能为组织选拔出最优优质、最适合的人才：

（1）人才，并非是全才。我们所讲的平常意义上的人才，并不是全才，将人才等同于全才的观念是错误的，"金无足赤、人无完人"，大多数人都不是完美的，他们可能在某些地方有缺陷或者很普通，人才的意义并不在于完美，而是拥有一技之长或者是在某个领域有所擅长，管理者应该对人才的概念范围有正确的认识，在识别人才之时，关注其优势之处与特别之处，学会用锐利的眼光发现人才、识别人才。

（2）人才，并非是奇才。有些人认为人才都应具有高超的奇异的本领，其实，奇才很难找到，而人才并非是奇才。现实中的人才分为三种类型：决策性人才、执行性人才、操作性人才。大量的人才是执行性人才和操作性人才，他们只阅要在处理日常工作和技术性问题时有较高的才能，而不同要个个足智多谋、才艺双全。四此，管理者必须树立人才并非是奇才的观念。

（3）人才，并非是完人。在人才的识别上，管理者应当更多地着重于人才的优点和长处，而不应当是看其毛病和短处。管理者要坚持"德才兼备"，但不可强求面个人才都是完人。四此，每个管理者都应懂得，人才，并非是完人，以完人来要求人才，都会是"人将不才"。

（4）人才，并非都有文凭。文凭是一个人受校育程度及掌握相应知识的标志，一般地说，它能在一定程度上反映一个人的知识和才能。因此，看文凭是必要的。但是，人才并非都有文凭。因此，选拔人才，最重要的要具备实际才干。

3、整体识人：科学的识人之法

在现实生活中，人们常常根据印象来识人。如果一个人在初次见面时给人留下了良好的印象，那么，"好人"的印象就容易形成对某人以后认识的定型模式；如果一个人在初次见面时给人留下了不好的印象，那么，"坏人"的印象就形成对其以后认识的定型模式。在生活中，一些用人单位由于种种社会偏见，总是把人看偏了、看错了、"看死"了。

上述现象的根本之点就在于没有从整体上看人、知人。所谓从整体上看人，就是要从纵向、横向两个方面，全面、历史、具体地认识一个人。管理者在用人时，切忌"情人眼里出西施"，即不能以偏概全，要对人才进行总体上的认识。管理者只有从整体上认识人，才能对一个人有比较全面、深刻、真实的把握和认识。一要全面地看人，把人的各个方面的表现、情况联系起来，从整体上把握人的本质。不可抓住一点，不顾其余，一叶障目，不见泰山。二是要历史地看人，不但要看人的一时一事，更要看人的全部经历和全部工作。三是要发展地看人。人是在实践中不断发展变化的，不可能一成不变，绝不能把人"看死"，要看到人的潜力及发展前途。四是要在实践中看人，重在表现。要听其言而观其行，不能只听其言而信其行。

管理者要从整体上识人，就要注意运用综合性思维方式。所谓综合思维方式，就是将事物经分析之后的各个部分、方面、层次联系起来，形成一个统一的整体去认识，得出一定的结论性认识，把从不同角度看人的结果进行分析综合，得到一个符合实际的总体认识。

管理者从整体上识人，就是要按人才基本要素的总体来识人。人才要素概括为德、识、才、学、体五个方面。德，指政治品德、伦理道德，德是人才的灵魂；识，指见识；才，指才能；学,指各科知识；体，指身体素质。这五个要素相互促进、相互制约、相辅相成地联成一个整体。管理者所要挑选的人应该是德、识、才、学、体五个方面全面发展的人才。但在实际工作中和现实生活中，没有十全十美的全才，只能用其长避其短，做到人尽其才。这也是管理者从整体知人的基本思想。

（二）考察识别人才的主要原则

考察识别人才的原则，也可称之为知人识人的原则，它是管理者考察识别人才的基本准则。在考察识别人才的过程中，这些原则对管理者的行动起着指导的作用。

1、察言观行，以行为主的原则

在挑选识别人才时，既要察其言，又要观其行，但主要应该观其行。一个人的道德品质和智慧才能总是要通过一定的方式表现出来的。具体的表现方式可以说无可穷尽，千差万别，但归纳起来不外乎两大类：一类是言语；一类是行为。而在这两大类中最重要的又是行为。有的人花言巧语，能说会道，表面看来聪明过人，但观其行却发现他或者两面三刀，或者无所作为。这种人实际上无德无才，是口头上的君子，行动上的小人。一旦使用这种人，会给组织带来极大的破坏。相反，有的人不善言辞，但工作勤勤恳恳，且善于动脑筋，长于创造发明，工作有成绩，事业有成就。这种人是真正的实干家，在挑选时，一定不能漏选。当然，在考察识别人才时，察其言也是十分必要的。

2、考察历史与考察现实相结合，以现实为主的原则

为了正确地、全面地识别人才，在挑选人才时，有必要对挑选对象的全部工作情况和表现，包括过去的和现在的工作情况和表现作一个全面而又深入的考察。一个人过去的工作情况和表现，是其德才在过去的表现，而一个人的现在则是从过去发展而来的。为了全面地认识和发现人才，考察其历史就非常必要了。然而，人又是发展的，过去好不等于现在好，过去不行不等于现在不行。因此，管理者不仅仅要考察人才的过去，更要特别注意考察他最近的工作情况和现实表现。在考察人才时，对历史的考察主要起参考作用，而决定一个人是否为人才的关键因素是人的现实表现。因此，挑选人才时考察重点要放在现实上，以现实表现为主。总之，这一原则就是要求用全面的、发展的眼光去考察识别人才。

3、既看长处又看短处，但以长处为主的原则

金无足赤，人无完人。如果认为既然是人才，就不应该有缺点，或者说无然某人有缺点，就不可能成为人才，这都不是辩证法，而是形而上学。在辩证法看来，任何事物都是一分为二的，人才也不例外，既有优点，也有缺点。在考察识别人才时，对其优点要认识够，对其缺点要认识透。只有这样才能全面、公正地认识人才。特别值得注意的是：一是对于考察对象的长处和短处，一定要实事求是，切忌走极端，即说某人好就完美无缺，白玉无瑕；说某

人坏就一钱不值，破石一块。用这种形而上学的方法是不可能发现人才的，真的人才也是会瑕瑜互见的。二是在考察人才的长处与短处时，对短处必须给予充分的认识，但同时必须以考察长处为主。如果只注意人才的缺点和错误，甚至对优点和成绩视而不见，那么管理者就永远挑选不了人才。

5、个别考察与团体评议相结合，以团体评议为主的原则

对人才的考察，主要有如下两个途径：一是个别考察，即由人才管理部门对人才进行一一的考察，对每个人写出组织鉴定或决定是否能入选；二是通过团队成员对人才进行评价，可以通过民意测验的方式进行。但是在具体操作中，应该两条途径并用，并以团体评议为主。

（三）管理者选才的原则

管理者识人选才，其根本目的是为了给组织选拔到适合的人才，将其安排在适合的职位之上，使得人才能够充分发挥个人作用，最组织作出自己的贡献，实现人与事的科学合理结合，从而推动整个组织的长远发展，管理者在为组织选拔人才之时，切不可凭借个人偏好与私人关系等徇私舞弊、丧失人才，而应该遵循以下几个原则：

1、因事择人

因事择人是管理者识人选才的基础与关键，管理者应该根据组织需要，从空缺职位对人才的需求出发，按照严格的标准来选拔人才，做到以职选人，人事相合，避免因人设事、因人设职等不良现象的发生，造成组织中大材小用、优秀人才流失、机构臃肿、人浮于事，增加管理难度。

2、公开公平

管理者在选拔人才之时，应该秉承公正公开的原则，只要是符合条件的应聘者，都具有参与选拔的资格，拥有平等参与的机会，不受民族、性别、出身等客观条件的限制，在人才选拔之中，杜绝徇私舞弊现象的发生，管理者不能凭借私人关系非法利用职权。坚持公开原则，关于人才的选拔需求、选拔条件要向社会公开，通过网站、新闻媒体、广播电视的等渠道及时向社会公开，扩大人才选拔的范围，积极接受各方监督，增加选拔工作的透明度。

3、竞争择优

现代化教育的发展普及，为社会输送了大批高学历的人才，在管理者选拔人才之时，应该坚持竞争择优的原则，在公平公开的前提之下，要求求职者依靠自身的学历、自身的能力、自身的素质等综合条件公平参与竞争，管理者在选拔人才的各个环节、包括资格审查、政治审查、材料筛选、笔试、面试等，都要严格把关，层层筛选，从众多竞争者之中选拔出最优秀、最符合组织需要的人才。

四、管理者用人的艺术

（一）用好的作风选拔作风好的人

坚持用好的作风选人选作风好的人，是对管理者分配选拔任用人才提出的新要求。用好的作风选人是选作风好的人的前提，管理者只有坚持好的作风，才能真正选出作风好的人。

1、坚持任人唯贤，不准任人唯亲

任人唯贤是一条重要的用人原则。贤者，乃有德有才的人。不同时期的"贤"有着不同的内容，不同时期的"贤"有着不同的要求。我们今天所说的"贤",指的就是德才兼备。德才兼备是我们管理者一贯的选人用人标准。怎样把握这一标准呢?"要大力选拔靠得住、有本事的优秀人才。""靠得住,有本事"是组织德才兼备成员标准的具体化,是积极应对国际、国内形势新变化,对组织成员所提出的基本要求。

"靠得住"就是要在思想上、政治上无条件地与中国共产党保持一致,坚决执行党的基本路线、方针、政策,做到全心全意为组织服务,为组织目标服务,开拓创新,求真务实。

"有本事"就是不仅要具有渊博的学识、现代化的意识、较高层次的科学文化素养和较高层次的知识水准,还要具有高超的管理艺术、强烈的事业心和创新精神,并且要具有较高的决策、管理、组织领导和处理种种事务的能力。

(二)善用互补定律

在一个科学、高效的人才结构中,各种人才因子之间都有一种相互补充的作用,包括才能互补、知识互补、个性互补、年龄互补、综合互补。管理者的作用就是组织起一个和谐的"大型乐队",实现人才互补以及群体的最优化。

实践已反复证明,人才结构中的互补定律可以产生十分巨大的互补效应。因此,管理者在用人过程中,熟悉掌握人才之中的互补定律是十分必要的。

1、个性互补

在任何一个人才结构里,人才因子之间不但存在着个性差异,气质、性格也各有不同。例如,有的脾气急,有的脾气缓,有的做事精细、耐心,有的办事底利迅速。这些不同的个性特征都可以从不同角度对工作发挥积极作用。如果全都是同一种性格、一种气质，反而不利于把工作做好。个性互补，有利于把工作做好，这在中国女排的崛起中得到了充分的体现。原女排教练总结经验时说过："一个队十几个队员应该有各自的个性，这个队打起比赛来才有声有色。如果把他们的棱角都磨平了，那这个队也就没有希望了。"这话讲得是很有道理的。一般而论，人才都有着极明显的个性特征，如果抹杀了他们的个性特征，也就抹杀了人才，只有把他们组织在一个具有互补作用的人才结构中，才能充分发挥他们的巨大作用。

2、年龄互补

年龄互补也是管理者用人不可缺少的一大定律。老年人有老年人的特长和短处，青年人有青年人的特长与短处，中年人有中年人的特长和短处。无论从人的生理特点还是从成才有利因素来讲，都是如此。因此，一个好的人才结构需要有一个比较合理的人才年龄结构，以使得这个人才结构保持创造的活力。明朝皇帝朱元璋取得政权后采取的是"老少参用"的方针。他考虑的是："十年之后，老者致休，而少者已熟干事。如此则人才不乏，而官更使得人。"显然，朱元璋主要考虑的是执政人才的连续性和后继有人的问题。这里还有更深一层的理论意义，老少互补对做好工作，包括开拓思路、处事稳妥、提高效率等都具有重要意义。

（三）合理用人，充分发挥个人聪明才智

1、因事用人，避免人浮于事

一些组织因人设事，机构臃肿、人浮于事，往往使管理者伤透脑筋。其令人头痛的是，那些空闲人唯恐管理者看到他们闲着，因而总是争着找干；结果，许多毫无实际意义的会议、报表、材料、总结、讲话、指示便应运而生了。在这种虚假的、徒劳的忙碌之中，很多人做的都是无用功。因此，决不能因人设事，而必须因事用人。

所谓因事用人，就是指在选用人才时，应该尽量满足实现目标对选才用才的需要。如果将整个管理活动用一条清晰的轨迹线条描画出来，就不发现，指向各个分目标的运行轨迹和指向总目标的运行轨迹在方向上、路上是完全吻合的。这就意味着，根据管理活动的总目标（整体规划）制订的各个分目标（局部规划）没有一个是多余的，或者是起反作用的。管理者要严格按照管理活动的总目标以及各个分目标的要求来物色各种人才，就可以断定，所选用的下属肯定没有一个是"多余的人"。

2、给人才一个独立发挥才能的空间

很多人才与管理者相处时，总会感到紧张不安。人才总想让管理者高兴，却不知如何做才好。当管理者离开时，人才反倒能全身心地投入工作之中，并能从中自娱自乐。没有管理者在场，人才能更好地作出决定。因此，作为管理者，适当的时候，可以离开一会儿甚至一段时间，尽量给人才留一些机会。当管理者到来时，就会吃惊地发现人才已经取得了令人满意的成绩。

给人才一个独立发挥才能的空间，有利于管理者的成功。如果管理者已经能够培养人才按照自己所喜欢的方式去做，如果管理者能够让人才真正承担起自己的责任，管理者能让人才自主行事，那么，当管理者不在的时候，所有的一切都可以照样圆满地完成。

第五章 人才的激励与驾驭

一、人才的激励

（一）什么是激励

所谓激励是指人的动机系统被激发后，处于一种活跃的状态，对行为有看强大的内驱力，促使人们向希望和目标进发。从诱因和强化的观点看，激励是将外部适当的刺激转化为内部心理动力，从而增强或减弱人的意志与行为。

激励的核心问题是动机是否被激发，所以激励又可称为动机激发。通常，人们的动机被激发得越强烈，激励的程度就超高，为实现目标，工作就越努力。因而，为了提高组织成员的绩效，激励在管理工作中被广泛采用。激励的目的是调动组织成员的积极性，但是人产生行为往往受精神、压力、环境等方面的影响，人在接受任务时的动机是十分复杂的，甚至是互相冲突的。有的人希望少付出，多获得，有的人对精神激励，如自尊、地位、威望、称赞、成就感等要求较高，有的对物质奖励如奖品、薪水、福利、休假等要求较高。而激励的因子可以影响人的行力，支配人的行动、诱导人们前进。管理者用人的一项重要工作，就是采用激励方法，促使组织成员的动机更加强烈，将潜在、巨大的内驱力释放出束，为实现目标努力奋斗。

（二）激励的作用

激励的作用主要体现在以下两点

（1）激励是努力工作的动力源泉。人们工作的目的，一是生活的需要，即为了自己和家人的生活而努力工作。二是精神的需要，如在工作中发挥自己的聪明才干，与他人交往享受乐趣，让更多的人了解、认可和尊重自己等。如果目标无法达到，他们就会另求新的职业。反之，他们能够更快更好地达到目的，就会稳定地在原来的岗位上继续工作。

（2）有效的激励有助于提高工作效率。激励能够提高下属的自觉性、主动性、创造性及工作的热情。下属努力工作的结果，自然是工作效率的提高，由于工作效率提高，自然会得到领导的表扬和重用，下属自然又会更加努力地工作。但是，作为行政管理者应当掌握激励必须恰到好处，不适当的激励不仅不能调动下属的工作积极性，相反，还可能会损害下属的积极性和利益。如何以最佳的方式激励下属，使下属和单位双方的利益最大化，这是行政管理者智慧用人时必须考虑和重视的问题，也是每一个行政管理者应该努力把握和有效利用的。

（三）激励的原则

1、公平的激励原则

一个人对所得的报酬、奖励是否满意不是看其绝对值，而是进行社会的比较或历史的比较，即看其相对值。对报酬与贡献的比例进行比较时，如认为这两个比率大致相等就觉得公平合理，因而感到满意，感到心情舒畅，工作的动力就高。如果认为这两个比率不相等尤其是自己的比率低于别人的比率，则感觉到不公平合理，从而影响工作情绪和工作劲头。把个人的报酬比率与同时期同事、同行、亲友、邻居等人报酬比率相比是横比，把个人的报酬贡献比与自己以前的比率相比较是纵比。一般地说来，人们尤其是年轻人更愿意横比。

根据分析，公平激励法首先是多劳多得，得与付出是密切相关的。因此管理者要引导组织成员相互比贡献、比付出、比劳动，而不是比自己所得的一部分比别人的所得少了。其实把自己所得与得比率作一全面比较就有可能觉得公平了。

2、实事求是的激励原则

管理者激励操作的过程，是根据客观存在的需要，施加相应的刺激和鼓励，从而调动人们的积极性，以达到激励的效果。这就要求管理者必须坚持实事求是的原则，不断满足和引导人们的实际需要。如何坚持实事求是地满足人的需要呢？一方面，它同一定的生产和再生产过程密不可分。如果从需要为生产提供行为动机这一角度来看，那么需要满足是先行的，如果从生产为需要提供现实来看，那么生产又是先行的。可见，两者之间是互为条件、互为前提的。另一方面，任何生产都是在一定的生产关系中进行的。人类的生产和再生产过程也是一个人的社会关系的生产和再生产过程，所以，一说到需要的满足，就只是在一定社会关系下产生和满足的需要。正因为如此，这就决定需要满足的方式必然是一种具体的社会历史的方式。因此，管理者的激励操作只有符合社会生产方式发展的客观要求，反映人们社会关系的历史趋势，才能既肯定和满足人的合理需求，又规范这种需要朝着正确的方向发展，成为促进人的发展的必要形式，也只有这种激励才具有合理性、现实性和科学性。

3、奖惩适度的激励

只有奖惩适度才能服众，也才能起到激励效果。如果奖惩无度，小功大奖，会助长人们的侥幸心理，大功小奖，会缺乏应有的激励强度，小过重罚，会加重挫折心理，大过轻罚，不足以纠正非期望行为。所有这一切都会在组织成员中产生不公平感，因而达不到调动组织成员积极性的目的。若要做到奖惩适度，就要求领导人出以公心，一视同仁，摒弃个人恩怨和私心杂念，真正如韩非子所说"诚有功，则虽疏贱必赏"，而且不打折扣，"诚有过，则虽近爱必诛"，决不徇私包庇。若要做到奖惩适度，还要求负责人实事求是，依法奖惩，决不赶浪潮、随风倒。应该"奖当其劳"，过重的奖励，会带来与奖励颁发者初衷相悖的负面效应，也许会挫伤了一批人的积极性，以及破坏团队协作关系及组织内和谐气氛的不良后果。

（四）激励人才的方法

1、信任激励法

一个社会的运行必须以人与人的基本信任做润滑剂，不然，社会就无法正常有序地运转。信任是加速人体自信力爆发的催化剂，自信比努力更为重要。信任激励是一种基本激励方式。管理者与被管理者之间、上下级之间的相互理解和信任是一种强大的精神力量，它有助于组织中人与人之间的和谐共振，有助于单位团队精神和凝聚力的形成。

管理者对组织成员信任体现在相信组织成员、依靠组织成员、发扬组织成员的主人翁精神上；对下属的信任则体现在平等待人、尊重下属的劳动、职权和意见上，这种信任体现在"用人不疑，疑人不用"上，而且还表现在放手使用上。刘备"三顾茅庐"力请诸葛亮显出一个："诚"字；魏征从谏如流，得益于唐太宗的一个"信"字；这都充分体现了对人才的充分信任上。只有在信任基础之上的放手使用，也才能最大限度的发挥人才的主观能动性和创造性。有时甚至还可超水平的发挥，取得自己都不敢相信的成绩。

2、职务激励法

一个德才兼备、会管理、善用人、能够开辟一个部门新局面的可造就之才。就应把握实际需要、扬长避短，及时地提拔重用，以免打击了"千里马"的积极性，作为一名单位的管理者就是要有识才的慧眼，千万不能因管理者自身的私利，而对身边的人才"视而不见"、"置之不理"。压制和埋没人才只能使组织的长远发展蒙受损失。作为管理者一定要有"有胆识虎龙，无私辨良才"的胆识，求才，用才，惜才，育才；给龙以深水，而非误陷深潭，给虎以深山，而非逼入平地，使"虎龙"各尽其能，各展其技，这才能齐聚本地贤士、广纳八方英才。对于在实践检验中确属"真金"者，要及时地给任务压担子，引入竞争和激励机制，形成"优秀管理者有成就感，平庸管理者有压力感，不称职管理者有危机感"的良性循环。

职务激励要按照组织机构的组织原则程序，对后备管理者给予考察、培养、选拔和任用，要坚持管理队伍集体研讨制度，防止管理者任用上的"一个人说了算"。

3、知识激励法

随着知识经济的扑面而来，当今世界的日趋信息化、数字化、网络化。知识更新速度的不断加快，组织员中存在的知识结构不合理和知识老化现象也日益突出。这就需要管理者一方面在实践中不断丰富和积累知识，另一方面也要不断的加强学习，树立"终身教育"的思想，变"一时一地"的学习，为"随时随地"的学习；对组织中一般成员可采取自学和加强职业培训的力度；对各类人才也可以进行脱产学习、参观考察，进党校高等院校深造等激励措施，组织单位应建立高效率的信息情报网络，为组织成员的发展提供条件，各级各类人才只有在"专"和"博"上下工夫，不断提高自己的思想品德素质、科学文化素质、社会活动素质、审美素质和身心素质，使其能够成为"T"型或"A"人才，也才能适应时代对管理者队伍，对人才素质的要求。知识激励是人才管理的一个重要原则。

4、情感激励法

情感是影响人们行为最直接的因素之一，任何人都有渴求各种情绪的需求。按照心理学上的解释，人的情感可分为利它主义情感、好胜情感、享乐主义情感等类型，这也需要我们的管理者不断地满足组织成员、满足各类人才日益增长的物质文化的需求。这也要求我们的领导干部要多关心组织成员的生活，敢于勇于说真话、动真情办实事，在满足人们物质需要的同时，要关心组织成员的精神生活和心理健康。提高一般组织成员和各类人才的情绪控制力和心理调节力。对于他们产生的事业上的挫折、感情上波折、家庭上裂痕等各中"疑难病症"，要给予及时"治疗"和梳导，绕弯子，解扣子，要大力开展社会公德、职业道德和家庭美德教育，以建立起正常、良好、健康的人际关系、人我关系、个人与组织成员的关系；以营造出一种相互信任、相互关心、相互体谅、相互支持、互敬互爱、团结融洽的同志氛围、朋友氛围、家庭氛围；以切实培养人们的生活能力和合作精神，增强对本单位的归属感。

5、目标激励法

目标是组织对个体的一种心理引力。所谓目标激励，就是确定适当的目标，诱发人的动机和行为，达到调动人的积极性的目的。目标作为一种诱引，具有引发、导向和激励的作用。一个人只有不断启发对高目标的追求，也才能启发动其奋发向上的内在动力。正如一位哲人所说"目标和起点之间隔着坎坷和荆棘；理想与现实的矛盾只能用奋斗去统一；困难，会使弱者望而却步，却使强者更家斗志昂然；远大目标不会像黄莺一样歌唱着向我们飞来，却要我们像雄鹰一样勇猛地向它飞去。只有不懈地奋斗，才可以飞到光辉的顶峰。

在目标激励的过程中，要正确处理大目标与小目标，个体目标与组织目标、组织成员目标，理想与现实，原则性与灵活性的关系。在目标考核和评价上，要按照德、能、勤、绩标准对人才进行全面综合考察，定性、定量、定级，做到"刚性"规范，奖罚分明。

6、荣誉激励法

从人的动机看，人人都具有自我肯定、光荣、争取荣誉的需要。对于一些工作表现比较突出，具有代表性的先进人物，给予必要的精神奖励，都是很好的精神激励方法。对各级各类人才来说激励还要以精神激励为主，因为这可以体现人对尊重的需要。在荣誉激励中还要注重对集体的鼓励，以培养大家的集体荣誉感和团队精神。

7、行为激励法

人的情感总受行动的支配，而人的激励又将反过来支配人的行动。我们所说的行为激励就是以目对象富有情感的行为情感来激励它人，从而达到调动人的积极性的目的。我们常讲榜样的力量是无穷的，就是目种典型人物的行为，能够激激发人们的情感，引发人们的"内省"与共鸣，从而起到强烈的示范作用，就像一面旗帜，引导人们的行动。

二、教化下属的艺术

（一）用健全的制度约束下属

一个组织内的制度好坏，对人的行为会有很大的影响。解决这个问题的有效措施，是建立健全规意制度以及相应的工作标准，形成人人有责任、有权限、有奖罚的机制，如此才能克服不负责任的不良倾向。管理者应该充分认识和利用好制度约束的作用，具体要注意以下环节：

1、宜具体忌抽象。一个制度如果过于抽象、系统，缺少具体的条文和实施细则，则难以执行。一些单位的制度常常被束之高阁的原因之一，正是因为许多制度是包罗万象的抽象性规定，尽管内容丰富，覆盖面广，精神主旨正确，但一接触许多具体问题时，则难以对号入应。

2、道德规范与制度要有所区别。制度制定要严格区分道德规范和制度要求的界限。如果制度本身写入许多道德方面的内容，则使制度要求过高，脱离现实，以至于影响制度执行的效果。

3、坚定和平等。经验证明，能否使制度发挥应有的效用，往往取决于是否坚定不移地执行制度，是否坚持制度面前人人平等。否则，当组织成员发现制度只是针对他而对管理者无约束时，必然对这种制度嗤之以鼻、不屑一顾。

（二）激发下属学习的愿望

任何人固然可以轻易地把马牵到河边，但是马若不想喝水，那么无论用什么方法也无法强迫它。指导下属的情况也是如此。如果下属毫无学习的意愿，则即使强迫他，也不会有效果。一般来说，唯有当上级管理者指导下属的愿望与下属学习的愿望一致时，下属才会愿意接受有关工作上的指导。可是，目前的情况大多是下属不愿主动学习，或上级施教时习惯了，不久却又忘了，甚至根本不理会。因此，为了让下属尽快学习，而且是真心乐意地学习，就必须应用心理技巧。如美国著名的拳击教练汤姆先生，便采用一种毫不费时的方法而培育出许多世界级的选手"当对方如此进攻时，你该如何应付？"此时，选手们便一边练习、一边思考应付的方法，并以动作来表示答案。事实上，当对方被问及意见时，基于一种被尊重及意欲表现的心理，任何人都会加以认真地思考，提出自己的见解。即使最初的答案并不完全正确，只要重新发问，应不难诱导出正确的答案。当对方想出真正的答案时，势必会感到欢喜异常，学习意愿也会因此大为提高。

(三) 教化下属积极接受

管理者在下达指令后,要特别注意下属理解。执行指令的态度和过程,既要给下属必要的鼓励和帮助,又要有严格的监督与检查,有意识的培养下属以积级的态度全面、准确地执行命令。管理者要想做好这一点,在下命令时要特别注意以下几方面:

1、管理者应该积极地接受下属对命令提出的意见,对他们的每一点疑问,都给予正确的答复。如果一个管理者在下命令时总轻视下属的意见,不能及时处理下属反馈上来的信息,最后很可能导致失效。

2、在下达命令之后,管理者不能不管不问,应及时督促他们行动,在行动中,要随时提醒他们工作的认真程度。如果一个管理者下达命令后便不管不问了,直到期限快到了才去了解工作递展情况,这样一旦在过程中出现大问题,就没有改正的时间,失败便成了必然的事。

3、作为一个管理者下命令要抓住中心、重复重点,还可以要求你的下属在接受命令时采取记笔记的形式,在发布完命令之后,还要鼓励下属积极发言,提意见,展开讨论。

三、处理下属顶撞的艺术

管理者与下属之间,多数情况是融洽和谐的,但也不乏顶撞现象的发生,其场面常常令人尴尬:双方唇枪舌剑,互相指责,不欢而散。这种现象轻则引起组织成员议论,影响管理者的威信;重则招来满城风雨,使领导难以开展工作。

发生顶撞的原因可能是多方面的,应当进行具体分析,但从管理者方面检查,多与对矛盾处理失当有关。这通常表现在以下几个方面：1、管理者过于自信而不能容忍下属的意见。如在某一问题上，下属与管理者意见不一致，并且是下属意见正确的情况下，由于管理者自以为是，固执己见，最容易造成顶撞现象。2、管理者的批评与事实不符，或者出入较大。在这种情况下，下属通常要为自己辩解。如果管理者认为下属"不虚心"、"不接受批评"，极易顶撞起来。3、管理者与下属缺乏及时的感情沟通。"冰冻三尺，非一日之寒。"如果下属对管理者的某些言行早已不满，久而久之，矛盾越积越大，就容易在某件事情上发生顶撞。4、管理者待人处事有失公平。"不平则鸣"。同样的问题出在不同的人身上，如果管理者不能一视同仁，也是引起下属不满，进而顶撞管理者的最常见原因。

（一）如何对待下属的顶撞

下属顶撞上级，是管理工作中人与人、人与事之间矛盾运动的产物，是一个正常现象。对下属的顶撞处理得当，会对管理者形象的树立、上下关系的改善、单位工作的改进起好作用。所以，如何把下属顶撞的事情处理好，应是管理者的一项基本功。

1、保持稳定情绪

对于管理者来说，下属的顶撞自然很尴尬，难免要脸红、来气。在这个节骨眼上能不能稳住劲，抑制住冲动，把这个情绪难控关平稳度过去，对任何一位管理者来说都是一个考验。有的管理者就过不了这一关，面对下属的顶撞，感到面子上过不去，一气之下就控制不了情绪，其结果不仅影响管理者的形象，还导致矛盾激化。管理者面对下属的顶撞，不只需要一定的度量和修养，还要掌握一定的工作方法。每当此时，制造冲突真空，转移话题，缓和气氛是当务之急。可用参加会议、安排工作、处理急事等理由，借机离场，制造双方冲突的时间真空；可用谈工作、谈家庭、谈日常事务来转移下属顶撞的话题；可运用诙谐幽默的语言，采用让个座，倒杯水等以礼报怨的方法来缓和当时的气氛，力争使双方的情绪控制在能够把握住的范围内。

2、寻找顶撞原因

对于一个有头脑、有思想的管理者，下属顶撞的事情发生后，尽管有是非曲直、谁对谁错，但首先是静下心来把事情的来龙去脉搞清楚，把导致下属顶撞的原因弄明白。只有原因清楚了，解决问题才能对症下药。但有的领导在这一点上容易犯糊涂，遇到下属的顶撞后，余火未熄，余怒未消，不是在查找原因上用心思，而是在恩怨上纠缠不休，非把责任分出个子丑寅卯不可。这容易造成上下之间的积怨，更不利于问题的解决。管理者应以平和的心态，重点在民主渠道是否顺畅、下属待遇是否公正、工作安排是否得当、单位关系是否融洽、下级的积极性创造性是否受到压抑等方面找出正确答案，努力使查找的原因准确、全面。

3、寻找自身原因

下属顶撞管理者，有时看起来是由下属头脑突然发热、情绪一时冲动引起的，说管理者一点责任也没有是不负责任的。可以肯定地说，不管在什么情况下，下属顶撞上级，都能或多或少从管理者身上找到原因。尽管以下犯上使领导有失体面，甚至下不了台，但作为管理者，则不能一味抱怨下属的无理，而是要有自责的勇气和理智，尽快从"窝火"的心态中解脱出来，好好地反省自己，多从自身查找问题。主要是反省自己领导能力的强弱，领导方法是否得当，工作安排是否合理，与下属思想沟通是否经常，对下属情况是否了解，解决下属的实际困难是否真心、到位。只有以这样的心态和姿态，才能真正维护和完善管理者自身的形象，改进领导作风，提高领导能力，才能更加有利于以后工作的开展。

4、主动和解沟通

下属顶撞管理者，往往使管理者心里不平，下属心里不安。如果不尽快做和解的工作，双方的感情就会越拉越远，怨气会越积越多，思想包袱特别是下属的思想包袱会越背越重。对此，管理者要树立主角意识，主动说沟通的头句话，主动迈和解的第一步。对于需要澄清的事情，要讲清情况，说明原因，做好解释工作；对于双方有争议的问题，要诚心征求下属的意见和建议；对于需要改进的领导作风和领导方法，要向下属明确自己下一步的改进思路；对于下属需要解决的困难，要想方设法给予解决；对于属于自己的失误则要向下属做自我批评。主动迈出这一步，管理者要放下官架，要有能伸能屈、能容能忍的大度和敢于向下属退让的勇气。如果心里憋着气，架子放不下，即使管理者有沟通的动作、和解的表示，也很难达到沟通、和解的目的。

5、不计旧账

顶撞上级的下属普遍有害怕管理者过后给自己穿小鞋的担心。这种担心有其现实性。有些管理者对下属的顶撞，嘴上说忘，心里明账，表面上没事，骨子里记仇，当时风平浪静，秋后算总账。有的在下属评职称、提职务、加工资等切身利益问题上使倒劲；有的在实际工作中设套子、下绊子；有的甚至用处分、扣薪、停职、下岗等手段借机报复。这种爱记小账、事后多事的做法，是小肚鸡肠的表现、无能的表现、缺乏领导品格的表现。要把下属顶撞的事情真正解决好，有能力、有魄力、有作为的管理者必定胸中装大事，心里想正事，眼睛向前看，不为鸡毛蒜皮的小事所扰，不为陈年旧账所困，不为个人恩怨所累。只有这样才能真正既轻松了自己，又解脱了下属。

（二）管理者解决顶撞的方法

一旦被顶撞，管理者该怎么办呢？首先要弄清原委。顶撞发生之后，管理者的当务之急，是要迅速查明原因，以便对症下药。然后根据不同情况、不同对象，采取不同的方法进行处理。其主要方法有以下几种：

1、以理服人

如果顶撞者的意见有可取之处，被顶撞的管理者应当以宽广的胸怀和诚恳的态度，主动接受其意见，切不可明知自己不对，还装出一贯正确的样子，盛气凌人，根本不把下属的意见当作一回事；如果顶撞人的意见是错误的，被顶撞的管理者也不能因为自己的意见正确就任意地训斥人。而是要针对顶撞者错误的地方，晓之以理，动之以情，耐心地说明和解释，让他心服口服。

2、以静制动

下属顶撞管理者时，往往心情激动，精神紧张，有的甚至失去理智，不能自制，因而会出现言辞过激，声音过大等现象。对此，被顶撞的管理者应尽最大努力克制自己的情绪，始终保持冷静的态度，仔细分析下属顶撞的意见后，再选择适当的时机，采取适当的措施。只有这样，才能避免矛盾的扩大和发展，才能变被动为主动。

3、以柔克刚

有的下属生就脾气暴，性情急，对某些自己看不惯或不合自己口味的事情常常发牢骚。你一批评他就跳，有的甚至故意用激将法，引你发脾气，动肝火。对这种人的顶撞不要以硬碰硬，而应采取委婉的态度，先表面上将他的顶撞意见接受过来，然后再把他往正确的方面引导。待他火气渐息，再言轻意重地指出他的不对之处。由于这种人大都心直口快，所以一旦他们明白了事理，也就不会固执己见了。

4、严词驳斥

有些人因为没有达到个人目的，存心要找茬子，刁难领导，明知自己不对，却要强词夺理，无理取闹，瞎顶乱撞。对这种人不能让步，而应义正辞严，对他进行严肃的批评。

5、旁敲侧击

有的人依仗自己有后台、有靠山，不把顶头上司放在眼里，有的则以为自己资历深、年龄大，摆老资格，瞧不起比自己年轻的管理者，这些人遇上管理者批评时，少不了要发生顶撞现象，以为管理者奈何他不得。对待这种顶撞，既不要轻易地让步，也不要针锋相对地反顶撞，而应从侧面入手指出他的不对，言在此而意在彼，表面上我不气不恼，但言辞话语中却是非分明。这样做，既不伤他的自尊心，照顾了他的面子，又使他明白了道理。

除了采取以上的方法之外，管理者还要有一定的高姿态。顶撞发生以后，双方可能都余气未消，下属见到管理者时，也许会把头一扭，匆匆而过。这时，管理者大可不必介意，应主动同对方打招呼，并主动征求对方的意见。有些人"吃软不吃硬"，管理者以这种高姿态对待他，也许很快就会化干戈为玉帛。

许多善于缓解和正确处理顶撞现象的管理者，还与以前顶撞过自己的下属结成了知心朋友，甚至"不顶不相识"，从而发现了下属的某些长处，以后还委以重任。随着管理者领导艺术和思想修养的提高，不仅下属顶撞领导的现象会逐渐减少，即使出现了也会得到妥善圆满的解决。

四、驾驭顶牛的下属

在日常工作中，不少管理者都遇到过与自己顶牛的下属。面对这种情况，如果处理欠妥，很容易把管理者与组织成员僵，甚至激化矛盾，影响正常工作的开展。如果管理者讲究一点策略，对顶牛的下属善于运用先"观"、后"引"、再"牵"的艺术，则很容易驾驭他们，并且能进一步赢得他们的信任。

（一）观"牛"

看清顶牛下属的来势，辨明其与自己顶撞的原因，以便对症下药。

造成下属与领导顶牛的原因是多方面的，作为管理者，对此一定要头脑冷静、仔细观察、认真分析。一是查找管理者自身的原因。不管是安排任务还是总结工作，管理者都可能在不经意中伤害个别下属的自尊心，或者引起个别下属的误解，甚至有时管理者在某个场合漫不经心的态度、表情和言谈举止，都会引起个别下属的不满而导致其与管理者顶牛。二是查找下属的原因。下属与管理者有的是由于对某个问题有看法，从而想与管理者有的是由于对某事有特殊的要求，但没有达到目的，而故意找茬；有的是由于在家中或社会上受了委屈，无处发泄，与管理者恰恰话不投机，从而与管理者有的是性格使然，下属本身就有一张刀子嘴。如此种种，都很容易使下属与管理者这就要求管理者在遇到下属与自己顶牛时，首先要反躬自省，仔细检查一下自己处事是否有失公正，工作态度是否倨傲，语言表达上是否欠妥。其次要认真听取下属的陈述，冷静、客观地分析一下下属与自己顶牛是出于何种心态。再次要换位思考，把自己置于下属的位置去考虑问题，分析一下顶牛的下属心里是怎么想的。这样，就不难找到降"牛"的办法了。

（二）引"牛"

避其锋芒，减缓顶牛下属的狂躁情绪，使之逐渐平息怨气，为其接受自己的教育和安排创造有利条件。

首先，要负责不指责。即使与自己顶牛的下属出言不逊，言辞激烈，也不要突然打断他的话或者不让其把话说完，更不要冷嘲热讽，进行过分的指责，而要以自己认真的态度给顶牛的下属一个负责任的印象。其次，顺气不赌气。对顶牛下属的不良表现和故意顶撞行为，管理者不要太在意，与之赌气；相反，要善于运用沉默艺术，让顶牛的下属先宣泄一番，否则，针尖对麦芒，势必两败俱伤。只有宽容地对待顶牛的下属，先顺其气，才能有效地进行规劝和引导。再次，要耐心不灰心。作为管理者，要有博大的胸怀和足够的信心，对顶牛下属的合理建议要予以肯定，正确的意见要表示予以采纳，以便尽快缩短与他的感情距离，通过自己耐心细致的工作为下一步的"牵"打好基础。

（三）牵"牛"

抓住最佳时机，针对顶牛下属的不同态度和存在的思想问题进行教育，使之转变认识，提高觉悟

一是动之以情。对由于管理者自身原因而导致下属顶牛的，管理者要勇于承认错误，开展自我批评，并向下属道歉。如果是因顶牛下属对自己产生了误解，要尽快讲明情况，消除误解。对由于下

属的原因而导致其与自己顶牛的,要弄清情况,区别对待。譬如,对在家中或社会上受了委屈而与自己顶牛的,管理者要予以理解和同情,甘当出气筒,以自己的满腔热情引起下属感情上的共鸣,从而感化顶牛的下属。二是晓之以理。对由于对自己有片面的看法和不正确的认识而与自己顶牛的下属,要对其摆事实,讲道理,剖析其思想根源,并有针对性地进行批评教育,而不能一味迁就。要使其明白,有一定的想法可以理解,但要梦想成真,必须靠骄人的业绩,从而使其认识并改正错误。三是导之以行。面对顶牛的下属,作为一个管理者,要以坦荡的胸襟、高尚的情操和模范的言行在具体的工作中作出表率,使顶牛的下属对自己的行为有所悔改。对待顶牛的下属,管理者不但不能挟嫌报复,而且还应以采纳其正确意见、广开言路的方法变被动为主动,化解与下属之间的矛盾。

总之,面对顶牛下属这把锁,开启的钥匙就在管理者自己手中。只要管理者在冷静观察、泰然处之中认真分析、巧妙对待,就一定能驾驭各种各样的"犟牛"。

五、对待下属的失礼、失信和失误

下属的失礼、失信和失误,是每一个管理者都不希望遇到但又无法回避的问题。管理者只有学会以积极的态度对待它,才可能使之"由坏事变成好事"。

(一)下属的失礼

这里所讲的失礼,通常是指下属对管理者不讲礼节、礼貌的种种表现。比如,有的下属在管理者作报告时,一边听一边交头接耳,该鼓掌时不鼓掌,不该鼓掌时乱鼓掌;有的下属在公开场合故意与管理者"顶牛"、"较劲",管理者指东,他偏向西;有的下属喜欢在背后给管理者编造和传播一些小道消息,甚至还搞点恶作剧;有的下属对凡是当"官"的,就看不顺眼或"敬而远之"。面对下属的失礼,作为管理者,首先要有"宰相肚里能撑船,将军额上能跑马"的大度和气量,不可因下属对自己不尊重就闷闷不乐、耿耿于怀,更不可寻机报复、给人"穿小鞋"。其次要认真分析一下下属对自己失礼的原因,看是下属对自己抱有个人成见,还是下属性格怪僻所致;是下属恃才自傲、心智不成熟,还是下属发现自己在工作中不坚持原则或领导无方而致。如果是因为下属无理取闹而致失礼,应尽可能给下属以宽容,淡然处之;如果是因自己方面的原因而致下属失礼,就应主动向下属赔礼,说明情况,并加以改正,以重新赢得下属的好感与尊重。

(二)认真对待下属的失信

这里所说的失信,一般是指下属在工作上不守诺言、言而无信的种种表现。比如,有的下属对当着管理者或大家表了态的事情,过后不承认;有的下属对管理者交代要按时办好的事,到时却忘得无影无踪。面对下属的失信,作为管理者,既不可采用强硬的态度指责一通,也不能采取迁就的方式对下属不了了之。首先,要仔细分析一下下属失信的原因,看是下属言行不一的工作习惯使然,还是因自己对下属要求太高,下属力所难及所致。其次,如果是因下属的原因而致失信,最好选用单独或私下交谈的方式,对下属进行批评教育,通过忠言相告,引导下属明晓事理,懂得若经常失信于大家尤其是管理者,就会成为不被别人信任的人。在此基础上,要求其在今后的工作中,一定要做到言必信,行必果。只有这样,才能既保住下属的面子，避免其不良情绪上升，又能使下属感悟到失信的严重性和解决这一问题的必要性。如果是因管理者对下属的工作要求太高而使其失信，管理者应当众向下属和大家做好解释工作，不要让下属背"黑锅"。

（三）正确对待下属的失误

这里所谈的失误，主要是指下属在工作中出现的各种差错。比如，有的下属因业务不熟、能力偏差或习惯于丢三落四，以致工作上小错不断；有的下属不履行工作职责或乱履行工作职责，以致完不成工作任务或造成经济损失；有的下属为了捞取个人利益，吃拿卡要，甚至行贿受贿，出现经济犯罪。面对下属的失误，管理者首先要冷静对待。既不可大惊小怪，也不可视而不见，更不可曲意包庇，而要尽快采取有效措施进行补救，力求使损失降到最低限度。其次要认真分析其原因。造成下属失误的原因，有的是因其经验不足，工作方法简单，能力欠缺，或是疏忽大意、思想认识有问题等主观因素造成的；有的是因环境条件所限，管理者不支持、管理者乱决策或无法预测的天灾人祸等客观因素造成的；有的是主、客观因素兼而有之。管理者一定要分清原因，不可轻易对下属的工作全盘否定。再次要分别处置。对出现失误的下属，既要讲原则，又要讲感情。一方面，要针对他们造成失误的原因，认真进行批评教育，对造成重大损失的，要严肃查处直至绳之以法，使大家能以此为鉴。另一方面，要允许下属有失误，容忍下属有过错，特别是对那些勇于改革、敢担风险、想干一番事业的下属，应多宽容、多理解、多抚慰、多支持、多爱护，要用全面的观点、发展的观点看待他们，不能以一时的失误来抹杀他们的成绩，不要经常宣扬他们的失误，不要老抓着其失误不放，而应帮助他们正确对待失误，启发他们从失误中吸取教训，重新树立信心把工作做好。如果造成下属失误的原因与管理者自身有关，管理者应带头认错，并主动承担责任，不可推给下属，使其蒙受委屈。

六、防止下属的逆反行为

政令畅通是做好管理工作的前提。然而，管理者在管理工作中或多或少都会遇到下属顶牛或反其道而行之的逆反现象。那么应如何防止下属产生逆反行为，让下属心悦诚服地接受领导呢？解决的途径有很多，其中管理者起着关键性作用。

（一）真情关心，改善关系

如果管理者对下属没有感情，就会表现出高高在上、冷漠的态度，也就会人为地在两者之间筑起一道无形的墙，容易导致下属逆反行为的发生或升级。要使下属信服自己，消除疑虑心理和对立情绪，管理者首先要以满腔的热情感化他们、爱护他们，对下属的思想、工作、生活等方面给予无微不至的关怀。"精诚所至，金石为开"，真心真情是防止下属产生逆反行为的灵丹妙药。一是当下属遇到困难时，你如能伸出援助之手，下属就会从内心感激你。二是当下属受到排挤打击、蒙受冤屈时，你如能从关心下属、爱护人才出发，敢于秉公直言、伸张正义，你在下属心目中的形象就会高大起来。三是当下属犯错误时，你如能帮助其认识错误，积极为其创造改正错误的机会，并且信任已经认识到错误的同志，就会让下属发自内心地感激你，就会引发犯错误者内心的震动，从而使其增强对你的信任，拉近彼此的距离，改善人际关系。在此基础上，你再逐步提出合理的要求，大家也就会对你心悦诚服了。

（二）增进了解，缩短心理距离

"知之深，爱之切"。管理者必须学会交往，经常和下属交流感情，交换对事物的态度和看法，不能因为工作忙而疏忽了与下属的沟通与交流。在交流的过程中，要平易近人，不摆官架子，不打官腔。一要善于倾听下属的意见，及时采纳下属正确的意见和建议，并用以完善工作；及时了解下属的所思所想，发现下属的思想疙瘩，及时疏导。二要注意自己的言行细节。一个不经意的微笑，一句亲切的话语，都能有效地拉近彼此的心理距离，使下属消除对你的神秘感，消除误解和疑虑，感受到你对他们的关心与鼓励，从而能够充分调动他们的积极性。三要晓之以理。在改革措施出台前，管理者必须通过上下的心理沟通，达到晓之以理的目的。要用动员、宣传、说服、谈心等各种方式与下属保持良好的心理沟通，把改革的必要性、目的性、复杂性以及重大意义向下属讲清楚，使下属对改革有足够的认识，对改革中可能出现的各种问题有充分的思想准备，提高下属的认识能力和正确分辨是非的能力，增强其心理承受能力。

（三）言行得体，优化教育方法

自尊心人皆有之，生活在社会群体中的人，都希望得到别人的尊重。事实表明，很多逆反行为都是因为自尊心受到伤害而引起的。因此，管理者一定要尊重下属的人格。职务的高低只代表分工不同，上下级之间在人格上是一律平等的。一些管理者往往忽视了这个问题，对下属招之即来、挥之即去，有时不分场合地进行训斥，甚至说一些有损下属人格的话。这样一来，不管你对他的恩情有多深，他都会对你产生不满甚至反抗情绪。因此，作为管理者，一要学会批评，做到言行得体，注意场合，注意分寸，遵循以理服人的原则，做好思想政治工作。二要学会表扬，尊重下属的劳动，对下属的工作成绩进行评价时要恰如其分，对下属取得的成绩要及时给予肯定和赞扬。要多鼓劲，少责备；多帮助，少训斥；多看下属的优点和成绩，善于赞扬下属的优点。运用表扬艺术，可以激发下属对成败得失的反思，并且可以树立自己的威信，使下属乐于接受自己。

（四）公平相待，实现心理平衡

管理者面对的下属不是一个人，而是一批人。管理者每做一件不公正的事，在其下属的心理天平上就会失去一个砝码，几件不公正的事一做，管理者的威信就会一落千丈，甚至会导致下属"端起碗来吃肉，放下筷子骂娘"。因此，管理者要想让下属满意，重要的是公平合理地分配物质利益和精神奖励。

1、物质利益的分配要公正

公正不是无原则的"摆平"，不是搞平均主义，而是把利益得失与贡献大小挂钩，进行合理分配，不能存在偏见和私心，否则对管理者产生一时好感的只能是少数下属，而受到伤害的却是大多数下属。

2、成绩、荣誉要有确切的归属

现实中有这样一种风气，一提成绩，都是"领导关心和支持的结果"，而且在年终总结时，获奖更多的是领导。这种在成绩、荣誉的归属问题上找不到主人、落不到实处，而真正做贡献、出成绩的人得不到应有的表彰奖励的现象，往往会引发下属心理失衡，导致逆反行为的发生。因此，对成绩要进行实事求是的分析，该是谁的就归谁，使成绩有个确切的归属，这也是公平的一种体现。

3、做到任人唯贤

"亲不溢美，疏不掩功"，不能因为沾亲带故而搞特殊照顾，近水楼台就可先得月，要一碗水端平，不搞亲亲疏疏。看人要看主流，看本质，既不以功盖过，也不以小过掩大德，坚持任人唯贤的用人路线。

（五）展现魅力，树立良好形象

实践证明，谁在下属的心目中有威信，谁就会得到下属的尊重，就会说话有人听、出令有人行。那么，如何树立威信呢？一是勤出威。权力就是责任，如果有权有职而不尽责任，就不会有威信。像焦裕禄、孔繁森等领导干部那样一心扑在工作上，深入基层，勤政为民，威信自然高。二是绩显威。一个人的工作能力、工作业绩如何，直接影响其威信。管理者只有充分展示自己的才能，创造性地开展工作，切实为民做实事、做好事，干出成绩，才能树立威信。三是廉生威。古人云："公生明，廉生威。"管理者应以高尚的人格为下属树立榜样，展现个人魅力，令下属折服，让下属从内心产生对管理者的敬佩感，从而对管理者的指令产生信服感，自觉服从管理者。

第六章　管理者讲话的艺术

管理者讲话艺术，指的是管理者借助语言工具，有效实施领导管理的艺术。管理，众人之首也，一个好的管理者不仅是组织的策划者、指挥者，更是组织的领路人与代表人，管理者的艺术，一般来源于管理者的讲话艺术，作为新时期的管理者，面对全球化、信息化的快速进程，面对瞬息万变的工作环境与管理局面，对管理者讲话的艺术提出了更高的要求。

管理者的讲话，贯穿于管理活动与管理过程之中，管理者进行组织管理的过程实际上也是管理者导之于言的过程，管理者讲话水平的高低，直接影响着管理者管理形象的树立和管理作用的发挥，一个成熟的管理者，应该掌握高明的讲话技巧，善于通过充满激情、饱含理性的、富有感染力的讲话来实现组织集体的动员、安排工作、部署任务、建立和谐良好的组织关系。

在现代行政组织中,管理者们整天注重组织的协调控制，往往忽视了同组织成员的谈话交心.这是行政管理中不可缺少的重要一环。作为一个精明的管理者要善于做好各方面的工作，要注重抽出一定的时间与组织成员谈话交心。经常与组织成员谈话不仅可以与他们沟通思想、交流感情、融洽关系,还可以从中了解组织成员的心声和愿望，帮助他们解决实际问题,促进组织的各项规章制度顺利实施。

一、工作谈话的艺术

（一）工作谈话艺术的重要性

管理者在管理中工作中，在加强与组织成员之间的交流，对组织成员进行批评或鼓励，与组织成员讨论工作，听取建议之时，避免不了与组织成员进行单独谈话或者集体谈话，无论是报告、讲课、座谈、动员、表扬、批评、鼓励、谈心、访问，都是管理者进行管理公务活动的重要方式，管理者的讲话如果灵活运用讲话艺术，具有较强的感染力，能够深入人心，才能达到真正的讲话目的，才能吸引组织成员的注意；反之，如果管理者的讲话平平淡淡，词不达意，则达不到想要的效果，甚至可能会引起组织成员的反感与抗拒，使组织成员将听取管理者的讲话当做一种强制性的任务去完成。

管理者要深刻认识到谈话艺术的重要性，每一次谈话都要根据实际情况，根据谈话对象的性质来进行，灵活运用谈话技巧，反对将谈话艺术作为教条式的内容来学习，管理者应该在长期的管理工作中反复实践、总结经验、不断提高，将讲话艺术与讲话技巧作为一种内在的能力。

（二）谈话前要做好充足准备

　　管理者如果想与组织成员进行谈话，必须做好充足的准备，才能保障整个谈话的顺利进行，才能有效把握谈话的效果，管理者在进行谈话之前，要首先要明确谈话的内容，包括谈话的问题，解决的方案，谈话方式的运用等等，同时还要明确谈话对象的性格、爱好、情绪、态度等等，以便管理者能及时把握谈话对象的心理与自己采用的谈话手段，在谈话之时能够灵活运用谈话方式，引入主题，使双方在一种适合的氛围之中进行谈话。

（三）选择适当的谈话地点

　　不同的谈话时间与地点将导致不同的谈话效果，如果需要对组织成员进行批评教育，则适合在氛围严肃的办公室进行，给组织成员造成一种心理上的警示与压力；如果是与组织成员讨论重大而比较严肃的问题，则适合在安静的地点讨论，避免嘈杂声音对讨论产生影响；如果对组织成员进行表扬与鼓励，则可以在组织会议上进行，营造一种热烈的氛围，使得组织成员感受到一种自豪感与满足感；如果是与组织成员进行情感上的交流，交换意见或者普通谈心，则适合在轻松愉悦的氛围中进行，如宁静优雅的餐厅或者环境优美的公园，可以边吃边谈心或者便散步边谈心，抛去管理者与被管理者的身份差异，以一种平等的身份进行交流，可以免除对方的拘谨，有利于问题的解决；如果组织成员因某些原因心情比较低落，则可以采取入户采访的方式进行谈话，展现自己对组织成员的关心与安慰。

(四)声音洪亮,富有节奏

管理者在进行讲话之时,应该具有震撼力,不能够无精打采、萎靡不振,讲话时要振作精神,声音洪亮,坚定有力。要根据不同的谈话场合、谈话的内容、谈话的方式、谈话的对象、听众的情绪等等来调节谈话的声调与节奏,做到声调高低起伏、轻重缓急,抑扬顿挫,饱含感情,避免平铺直叙。谈话的重点内容需要加强语气,重点强调,语速减缓,感情深入;谈话的一般内容,则需要使用一般语气,速度可以稍快,声音放低;在讲话时,如果发现有人精力不集中或者昏昏欲睡,可以忽然提高声调,放大声音,引起大家注意,调节听众情绪。

(五)因人而异,方法多样

组织成员之间是存在差异的。由于出身、经历、能力、年龄、身体、性格、性别、兴趣、爱好、文化程度等不同,不同的人都会对事物产生不同的理解和看法,表现出不同的态度。因此,管理者要根据不同组织成员的不同特点,采用不同的方法开展谈话工作。一是对于那些争强好胜、脾气暴躁、傲慢固执、虚荣心强的人,要对事不对人,说事为主,以事明理,避其锋芒,求同存异,不争高低,给人以台阶和面子,以柔克刚。二是对那些性情开朗,心胸开阔,头脑灵活,有知识文化,接受能力快,修养较好的人,不必拐弯抹角,可以开门见山,直截了当地交谈。有些话不必说得太多太长,抓住要领,点到为止。三是对那些性格内向,不善言谈,心胸狭窄,反应较慢的人,要顾及他们的感受,与其谈话不能过于直率、刺激。要循循善诱,由浅入深讲道理。四是对年纪较大,阅历丰富的人谈话,多做提醒,不要说教;对阅历浅、涉世不深的年轻人，要多讲道理，多授经验与方法，并严格要求。五是对那些满不在乎、斤斤计较，大错不犯、小错不断，挑拨是非的人，要用大道理说服小道理和歪道理。要找准话题，击其要害，严厉批评。

（六）维护团结，不要贬损他人抬高自己

与人谈话无论是正式还是非正式，都是一种职务行为，代表的是一级组织或一个集体的意见。因此，与人谈话要从大局出发，从维护班子的团结出发。要遵守谈话纪律，贯彻集体意见，把握谈话导向。管理者首先要弄准情况，掌握谈话的主动权。在谈话中，免不了要表扬与批评，肯定与否定。如果管理者对情况掌握不清不准，表扬与批评不符合客观实际，必定会使谈话对象或周围的组织成员不满意、不服气。值得注意的是：管理者身边和周边都有一群人跟着围着。这群人如果对某些人有矛盾，有意见，有看法，很容易将一些"坏话"传到管理者的耳朵里，管理者不要偏听偏信，被传言所左右，要亲自搞好调查研究，把情况弄准确。其次管理者与人谈话要出于公心，不能对自己分管的单位，对自己亲近的人总是说好话，甚至出了问题还帮助其大事化小、小事化了；而对自己有矛盾，有意见或看不顺眼的人，哪怕有一点小问题也紧抓不放。再次是不要揽功推过出卖他人。管理者与人谈话，要表现出较高的政治素养，较强的理论水平，较佳的道德品质。绝不能借与人谈话的时机，做好人，拉拢人。更不能不顾组织原则，泄露不该泄露的集体讨论情况和意见。

（七）平等待人

生存于社会中的每个人，都有人格和尊严。不论男女老少，贫穷富贵，有无官职，相貌如何，人格和尊严都一样平等，尊敬和尊

重都不可或缺。一个人对另一个人如果没有起码的尊重，就不可能有相互间的真正平等。因此，管理者在与人谈话时，要学会理解人，尊重人。要放下架子，摆好位置，平起平坐，平等地与谈话对象进行交流。要多听取谈话对象的意见和诉求。既要听得进好话，也要听得进批评的话；既要听得进恭维的话，也要听得进刺耳的话。绝不能一听就跳，动不动就批评人、训斥人、挖苦人，甚至以势压人，咄咄逼人地把谈话对象的嘴封住。这样做不仅解决不了任何问题，还会伤了感情，使矛盾升级。

二、表扬他人的艺术

（一）表扬的意义及作用

管理者经常赞美表扬组织成员，组织成员的积极性、创造性就会不断被激发。被调动。一个人经常听到真诚的赞美，会感到自身的价值获得了肯定，真诚的表扬有助于增强人的自尊心、自信心。

最有实效的表扬不是"锦上添花"，而应是"雪中送炭"。最需要表扬的不是早已美名天下扬的人，而是某些自卑感很强、被错当成"丑小鸭子"的"白天鹅"。他们平时很难听到一声赞美，一旦被人当众真诚地赞美，就有可能尊严复苏，自尊心、自值心倍增，精神面貌焕然一新。在各组织中也是如此，管理者对组织成员的表扬有助于他们真正发现、发挥自己的长处、优势，激发起更强的上进心、荣誉感和自豪感。

（二）表扬的几种方式

管理者对组织成员的表扬一般有如下几种方式

1、个别表扬。即管理者在同组织成员见面时，对组织成员的进步、优点和成绩当面称赞几句。组织成员就会感到管理者是了解他的工作的，自己的努力没有白费，从而保持以至发挥更大的积极性。

2、当众表扬。这是最经常、最郑重、最有效的表扬形式。由于它是当着众人的面进行的，并且对被表扬者的优点、成绩作出明确的概括、表述和评价，因而它的激励作用就更大些。

3、间接表扬。即在当事人不在场时，背后进行表扬。这种方式的表扬，不管是在会议上或个别场合进行的，都能传达到被表扬者本人，起到表扬的作用。它会使表扬者感到领导对他的表扬是真诚的，不是"当面说好话"，所以常常起到某些当面表扬起不到的积极作用。

4、表扬集体。表扬集体，会增强集体所有成员的光荣感和自豪感，促使他们更加奋发努力、保持光荣、发扬光大，对其他集体则是一个有力的推动。这种表扬方式，还能有力地促进和鞭策集体内部后进分子的转变。

（三）表扬应当如实

表扬要如实，是指管理者表扬组织成员时要实事求是，恰如其分，掌握好表扬用语的分寸。管理者不能任其夸大情节，评价失实，随意拔高。表扬不是搞文艺创作，不能像文艺作品一样虚构、夸张。

如果管理者表扬时随意把事实夸大，把七分成绩说成十分，把组织成员的朴素想法拔高到理想化的境界，评价失实，只能产生消极作用。其一，会使被表扬者产生盲目性自负情绪，误以为自己真有夸大的那么好，从而坠入自我欣赏、不求进取的泥坑。其二会造成人们的逆反心理。人们尊敬的是真楷模，而不是人为拔高了的典型。对于名实不副的样板，人们会由不服气到反感和生厌。其三是容易助长人们不务实、图虚名的不良风气。因此，表扬务必恰当求实，管理者切忌随意拔高。必须有一说一，有二说二。做到恰如其分，只有这样，才能起到鼓励他人前进的作用。

（四）表扬要具体

对组织成员表扬并不是依靠随便说说几句好听的话就能奏效。管理者对组织成员的表扬应该遵守具体的原则

1、管理者要言之有物，用事实说话。这个事实，不仅指的是工作具有成绩。也包括被表扬者为克服种种困难而作的努力和付出的心血。表扬只有言之有物，有血有肉，道出被表扬者的心血和同力之所在，才能使人感到组织成员感到管理者观察得细致入微，从而激发被表扬的知音效应，产生出"士为知己着死"的精神动力。

2、管理者要表扬具体事例，其效果肯定要好得多。比如，表扬某一组织成员积极能干，不如说他某件具体事办得十分成功更有说服力；对某个有才的组织成员，管理者空洞地说他经验丰富，德高望重，不如说在某件事中，他的建议主张对解决问题起了什么作用更合适。表述用语越具体到位，其有效性才超高。因为，表扬越具体，说明管理者对组织成员越了解，对组织成员的长处和成绩越看中。这样，对方才感到你的表扬是真实的，不是在吹捧，从而才能收到积极的效果。

（五）表扬要真诚

表扬要真诚实，是指管理者表扬的态度要诚恳热情，发自内心，不要冷漠无情，应付差事。人们都有喜善恶伪的天性。只有真实的东西，才会被人所接受。表扬也不例外，管理者只有以真诚

的态度去表扬，才能唤起组织成员的真挚感、亲切感、温暖感、信任感和友谊感，以使组织成员愉快地接受表扬。因此，表扬时，管理者对组织成员的成绩和优点，应从内心感到由衷的高兴，满腔热情地表示赞扬，并热切地希望组织成员能够把这些成绩优点发扬光大。

组织成员希望得到赞赏。赞赏应该能真正表明他们的价值。就是说，组织成员希望管理者的赞赏是管理者思考的结果，是真正把他们看成是值得赞美的人，花费了精力去思考才得出结论。管理者表扬组织成员要真诚。如果管理者在不了解组织成员具体的情况下，只讲些"年轻有为，前途无量"、"很不错"之类的公式化语言，是很难打动人心的。

人们希望得到表扬，但这些表扬应当真正表明他们的价值。只有管理者对其工作实际作出客观公正评价的表扬，组织成员才会认为是真诚的，才会愉快地接受。

（六）表扬要有新意

领导对组织成员的表扬应当不断有新意，这种新意主要表现在以下几方面：

1、语言新颖。赞扬往往是振奋人心的，但是一种本来是不错的赞扬如果多次重复，也会显得平淡无味，甚至令人心烦。新颖的语言是有魅力和吸引力的。用新颖语言赞扬他人，既能显示管理者运用语言的才能，也能使被赞扬者更快乐地接受。

2、表达方式新颖。表达赞扬的方式有很多，管理者要针对不同人、不同场合、不同时间选择最恰当的方式。在选择赞扬方式时，既要考虑表达方式的新颖，又要考虑对方的感受及最后的效果，只要综合去思考，管理者总会找到最适宜的表扬他人的表达方式。

3、角度独特新颖。每个人都有许多优点和可爱之处。赞扬要有新意，当然要独具慧眼。管理者要善于发现一般人很少发现的"闪光点"和"兴趣点"，即使一时还没有发现更新的东西，也可以在表达的角度上有所变化和创新。

4、用纵向的比较。事物的发展是在一定的时间段里体现的，在每个人的不同阶段，都会有不同的变化和新的发展，管理者用心，就会发现运用连续性的赞美会起到非常突出的作用。

（七）表扬要适度

表扬的激励效果大小，不仅取决于内容选择和方式，还取决于是否适度。

表扬适度应做到以下两点：

1、实事求是。实事求是的表扬，一方面要求对被表扬者的优点和成绩，应恰如其分地如实反映，既不缩小，也不夸大，有几分成绩就说几分成绩，是什么样子就说什么样子，不能添枝加叶，任意修饰，人为美化，随意拔高。不实事求是的表扬，于被表扬者无益，会使其感到内疚、被动，于其他人则会不服气，议论纷纷；于管理者本人则损害其威信。另一方面还要求对象确定要公平合理。表扬谁不表扬谁，应完全根据组织成员的实际表现，而不应受到管理者个人好感与亲疏远近的影响。

2、不能滥用。管理者发现组织成员的良好行为就及时表扬，这是对的。如果时过境迁，人们印象已经淡化再提出表扬，效果就会差些。表扬要反复地经常地进行，当上一次表扬的作用快要消失时，就要进行下一次表扬，以使表扬的作用长期保持下去，经久不衰地激励着人们的行动。但表扬却不能滥用，不能天天表扬、处处表扬，更不能在没有什么值得表扬的良好行为时硬找点什么来表扬。

（八）表扬要抓住时机

管理者抓住时机对组织成员进行表扬，其效果可能是事半功倍，而失掉有利时机，其效果则可能是事倍功半。一般说来，组织成员开始为管理者办某件有意义的事情，管理者就应在开头予以表扬，这是一种鼓励；在这种行为的进行过程中，管理者也应该抓累时机再次表扬，最好选在组织成员刚刚取得一点成就的时候约谈一次，这样有助于组织成员趁热打铁，再接再厉。另外，请不要忘记，当组织成员的工作告一段落并取得一定的成绩时，组织成员期望得到管理者的总结性的公开表扬。当然，在与组织成员交谈中，表扬也是有"度"的，适度表扬将会使组织成员心情舒畅，反之，则可能使他感到难堪、反感。因此，管理者在讲话中必须从内容、方式等诸方面把握好这个"度"。在上下级的语言艺术中，抓住时机表扬组织成员，才能在交谈中与组织成员架起"心桥"，使上下级关系更加和谐。

三、批评他人的艺术

（一）批评要讲究语言艺术

作为管理者的普遍性行为，批评是管理者推动工作的重要手段之一。批评的方式方法很多，且包含着很强的艺术性。管理者高明的批评，能给人以美感，使组织成员接受批评中传输的情感和真理，受到深刻的教育。就像有人说的，高明的批评就像一块香皂，它能除去人们身上的污垢，给人留下的却是清香。但如果管理者对组织成员的批评不讲究艺术，语言生硬，组织成员不但不会接受，还会产生怨恨心理。因此，管理者必须认真研究批评的方式方法和艺术。

（二）批评要遵循的原则

管理者批评组织成员的目的是为了限制、制止或纠正组织成员的某些不正确行为。

管理者在批评组织成员时要注意遵循以下原则：

1、实事求是，准确无误。批评是一件十分严肃的事情，对组织成员的错误一定要弄清事实、实事求是，不能偏听偏信，在没有掌握真凭实据前不要急于批评。

2、诚心诚意，动之以情。在批评组织成员时，管理者要站在组织成员的立场上，诚心诚意地以爱护的感情使他感受到组织和管理者的温暖与关怀，去掉戒备心理与抵抗情绪，这样才能使其从心里接受你的批评。

3、及时批评，忌算总账。发现错议要及时批评纠正，避免时间延长给事业造成过多的损失同时也避免犯错误的人错上加错而铸成大错。

4、不可背后批评。批评要当面指出，这样有利于双方意见进行交流，使对方了解和明白管理者的意见和看法，如果通过第三者传达，很可能失真而造成误会。

5、注意态度，提高效果。批评他人时，切记不可发怒，不可恶语伤人，不可以权压人，批评要照顾对方的自尊心。除此之外，批评时还要允许组织成员申辩，批评结束后，要多予以勉励，对组织成员要继续关心。

6、商量式批评。商量的口气让组织成员感到领导对自己的尊重和理解，组织成员会自觉地发挥自己最大的努力，把工作做得更好。

7、宽容式批评。管理者要有宽大的胸怀，能容组织成员之错。

（三）批评要抓住根本

批评要围绕中心工作，抓住根本性问题。无论组织大小，矛盾、问题总是很多的，管理者不可能随时随地地发表意见，因为精力不允许，批评的准确性无法保证，以至于组织成员会产生情绪。围绕中心工作，抓住关键性的、根本性的问题进行批评则不同。在根本性问题上、关键岗位上出现的错误，关系全局，影响面大，不抓不得了，抓住则可以保证中心工作的顺利进行，保证整体工作的正确方向。而且，这一类错误组织成员是非分明，利于教育组织成员、吸取教训。当然，不是说要放任其他方面的错误，只是说一定要分清主次，突出重点。

（四）批评要适度

无论做什么事都要有个"度"，管理者批评组织成员也一定要适度。也就是说，批评组织成员要适度，要讲究分寸，过与不及都是应当避免的。管理者要想做到批评适度，应当注息以下两个方面

1、质的把握。一般说来，上下级的矛盾属于人民内部矛盾，批评和否定大都要本着"团结——批评——团结"的原则进行，在运用语言的过程中就有一个质的差别问题。

首先，组织成员是同志不是敌人，批评的目的是要把问题谈透，而不是对组织成员进行批判。因此，虽是批评，词语也要有

讲究，切不可气势汹汹。即使组织成员错误较重，或态度不大好，也不必吵吵喧嚷。身为上级，应该表现出一定的领导风范，而不必斤斤计较，必要时可适当选用具有一定模糊度的语言，暂为权宜之策。其次，组织成员犯了错误，需要批评而不是褒奖。如果批评时语言没有分量，也就失去了批评的意义。管理者应本着惩前毖后的原则，要维护制度的威严，更要贯罚分明。

2、量的限制。同是犯错误，轻重可能不同，批评的语言也应随机而变。倘若不分轻重各打四十大板，就会引出一些不必要的错误。该轻则轻，不能抓着错误不放，该重则重，切莫姑息迁就。

（五）批评的多种方式

直接了当的批评方式是有效的，也是主要的。但是，在一些比较特致的情况下，可以采取一些比较灵活的方式，这样会收到更为显著的效果。

1、激励式批评。即在指出错误或不足的同时，注意从肯定的地方加以鼓励。

2、建设性批评。避开具体错误事实，采用商量式与错误责任者探讨改正、改进的办法，这便是建设性批评。这种批评方式使批评直接进入改进阶段，而且具有较强的感情色彩，所以容易收到效果。

3、启发式批评。这是一种间接的批评，不直接批评人或事，而是针对错误用例证讲明道理，把批评寓于道理之中，让被批评者心领神会，意识到自己的问题，达到批评的目的。

4、开脱式批评。在错误、失误出现以后，当事者已经感到问题的严重性，在这种情况下，看重说明错误、失误的客观原因，并告之已经或将向上级或有关人员说明情况，使其放下包袱，这即是一种开脱式批评。

（六）从表扬开始渗透批评

心理专家告诉我们，管理者的批评只有被组织成员从内心上接受才能生效。这就意味着即使是有道理的批评，也不等于会完全被对方所接受。心理学研究发现，人们接受批评的最主要的心理障碍，是担心批评会伤害自己的面子损害自己的利益。为此，管理者在批评前要使对方打消这个顾虑，这样批评才能有效。而打消顾虑的比较奏效的方法，就是先表扬、后批评。用这种方式处理问题，会使被批评者觉得领导的批评是善意的，对问题的分析是全面的，而且不会产生委屈的感觉，更不会对领导产生抱怨或抵触情绪。被批评者由于没有了对管理者的逆反心理，也就减少了因被激怒而引起的冲突。其优点就在于管理者首先肯定了对方的长处，起到了消除对方心理顾虑的作用。因为对方的努力、为人、工作的努力等方面，有很多可以肯定的地方，管理者如是视而不见，对方可能会觉得不公平，认为自己的成绩或长期的努力没有得到应有的重视，而一次失误就被抓住，大概是专门和自己作对，而首先赞扬对方，就是避免对方的议会，表明上级、同事对自己的承认，使对方知道批评是对具体事而不是对人的，自然也就放弃了用辩解来维护自尊心的做法。

（七）不揭短的婉转批评

管理者在我评组织成员时，对有些不便直说的问题，可以采用间接婉转的办法。最佳的选择应该是不揭短地对组织成员予以婉转的批评。这样的批评容易被组织成员内心接受，使之口服心服，效果也更明显。

"人要脸，树要皮"，敏感的组织成员注重自己的名声，对直截了当的批评深恶痛绝，如果管理者在谈话中能巧妙含蓄地提醒他们注意自己的错误，往往会取得意想不到的效果。很多管理者批评之所以达不到目的，一个根本原因是因为批评和被批评的过程通常不是在平心静气中进行的。管理者可能因为事情工作没有办好而发火，在批评组织成员时，进而会"单刀直入"的直奔主题。组织成员可能因为某种原因而感到委屈，甚至反感和拒绝接受批评。因此，在组织成员做错了某件事情的时候，管理者应当通过不揭短的婉转批评方式唤起他的责任心，在组织成员的脑子里形成一种境界。

作为管理者，当希望改变自己组织成员的时候，请不要忘记保全他的脸面。人都有自尊心，管理者要尽量不在公共场合当众批评组织成员，更不要当众让犯错误的组织成员下不了台，以免产生对抗心理。这不是要管理者掩盖组织成员的错误而既往不咎，而是说批评组织成员要注意场合、把握时机。这也同样会给管理工作带来巨大收益，既达到批评目的，又不会招致任何怨恨。

（八）要让被批评者学到东西

管理者批评组织成员只是一种工作手段，批评的目的应该是让组织成员在批评中学到东西。管理者经常要做的并不只是去纠正组织成员一时一事上的错误，而是要着力去培养组织成员一种良好的思维方式。解决某一个问题的具体办法也许并不重要，更重要的是需要一种解决问题的思路。所谓好的思维方式是说符合组织的具体情况，上下级容易协调，对大局有利，对发展有利。这种思维方式的培养往往是在批评中完成的。做组织成员的最讨厌那种喜欢整天训人、但对任何事情又没有主意的管理者。实际上每个人都懂得，管理者的威信不是通过大嗓门的训斥得到的，而是在处理问题上有比别人高出一筹的地方。事实上，在批评组织成员的过程之中，管理者也可以从中学到很多东西。

但是，更重要的是让你的组织成员从批评中学到东西。每一次批评，都要有所长进。这就是我们所说的"增值批评"。当然，要做到每一次的批评都可以"增值"，做管理者的就必须不断地学习、不断地长进。如果管理者的水平还没有组织成员高，那么对组织成员的批评就无法让人服气，更不用说"增值"了。

四、即席讲话的艺术

（一）即席讲话的概念及意义

即席发言、即兴发言、即时发言、即事发言都属于同一类型，是指在一定场合，没有充分准备、没有现成稿子的情况下，由他人提议或自认为有必要而当众临场发表的讲话。

即席讲话是对一个管理者心理素质、应变能力、说话水平、文化修养等综合能力的考验。也是管理者综合素质的一面镜子，是组织成员评价管理者能力和水平的一把尺子。管理者即席讲话能讲得生动精彩、引人入胜、打动人心，无疑会给听众留下难以忘却的印象。很显然，成功的即席讲话，可以塑造良好的管理者形象，提高其在组织成员中的威信，增强权威，有效地促进各项工作的开展。

从某种意义上说，善于即席讲话，是管理者的一项基本功。要想成为一名出色的管理者，就必须成为一名即席讲话的能手。即席讲话作为管理者工作中经常使用的一种讲话形式，并不是高深莫测，无法掌握的，它有一定的技巧和规律，只要认真学习、勤奋毁炼，即席讲话水平肯定会有较大提高。

（二）处处留心，选准话题

恰当的话题是即席讲话成功的一半。选择合适的话题，一般要遵循以下原则：

1、选择与主题相关的话题。任何会议和活动都有自己的问题即主题，所以任何讲话、发言和讨论都应紧扣这个主题，否则就会跑题，干扰会议方向。

2、选择自己熟感的话题。围绕自己熟悉和体会比较深的话题讲话，能够有效地消除紧张情绪，打开思路，激发讲话欲望，应付自如，能够准确表达管理者的思想和观点，容易谈出深度、谈出新意。只有这样才能吸引听众、打动听众。

3、选择听众感兴趣的话题。讲话是让人听的，管理者讲得效果如何，水平高低，关键是看听众的反应。听众的反应是衡量讲话是否成功的标难。因此，选择话题首先要考虑听众是否关心，是否愿意听。

4、选择有独到之处的话题。衡量讲得好不好，有没有水平，关键是看有没有新意，有没有新话，有没有独到之处。如果老生常谈，把众所周知的事情、放之四海而皆准的道理，喋喋不休地讲个没完，就没有多少意思，听众也会感到厌须。关键是转换角度，提高层次，另辟蹊径。

（三）先声夺人，抓住听众

即席讲话的开头，也叫开场白，它很重要，能不能马上抓住听众,往往决定着整个讲话的成败。好的开场白就像一个出色的导游员,一下子就可以把听众带入讲话人为他们拟定的环境,好的开场白是讲话人奉献给听众的第一束多彩的花。好的开场白最易打开局面,便于引入正题。因此,开场白不能平铺直叙,平曲无命,而要努力做到不落俗套,语出惊人,出奇制胜,先声夺人。

(四)审时度势,具有针对性

管理者在即席讲话前,要尽量了解即席会议的中心内容与任务,掌握与这些内容相关的方针、政策和情况。所谓针对性,就是从参加会议的主要对象和本地区的实际情况出发,有重点、有目的地选择话题。管理者应抓住一些带根本性、倾向性和普遍性的问题,认真分析,从理论与实践的结合上加以概括规纳,把握住问题的实质,将重要的观点、独特的见解、精妙的论述、生动的事例,编织成演讲纲目。这样,讲起话来,不但条理清楚,逻辑性强,有深度、力度,而且还能讲得活泼、生动、简洁,使听众在轻松、愉快的氛围中受到潜移默化的教育和启迪。即席讲话时间不宜长。讲话时间长,听众易产生疲惫厌烦心理。时间越短,听众情绪越好,精力越集中。管理者如果能把握时机,就能使讲话收到事半功倍的效果。因此,要做到无话不讲,长话短讲,切忌长篇大论。

(五)语言精炼,不落俗套

即席讲活需要管理者寻找生动、形象、精确、简练的言辞对会议(活动)进行恰如其分的肯定和总结。而由于时间较短,这种肯定和总结又往往具高度的感括性。俗话说"言不在多,达意则灵。"语言是传达信息和交流思想的工具,同样,即席讲话的技巧和表现手法也主要体现于通言的运用上。要语不繁,字字珠玑,能使人不减兴味，而沉语赘述，唠唠叨叨，不得要领，必招人生厌。

简洁朴实的语言风格反能体现管理者亲切待人、不摆架子的优良品质，又能显示管理者求真务实的工作作风。即席讲话不仅要简洁朴实，还要力求有新意，不落俗套，更不能一味重复别人讲话。这就要求不管理者要善于了解和掌握组织成员的心理态势，抓住关系组织成员切身利益的敏感问题，选准角度和时机切入，使所讲的话符合时代要求和组织成员需求，这样才能使讲话有的放矢，让组织成员感到亲近、实在、可信、可行。

（六）把握分寸，适时适境

在公共活动中即席说话要讲究策路，注意分寸，表达的内容及方式要适时、适情、适势、适度。否则，表达难达目的。

管理者的讲话能否被别人所接受，主要取决于他的可信度，而要提高可信度，除了在形象上要做到服饰恰当、举止大方、谈吐自然得体、神神专注、表情沉稳外，还必须注意观察对方，讲究谈话的场合和对象。这是因为，不同的人接受他人意见的方式和敏感度都是不同的。只有知己知彼，才能对症下药，收到最好的说话效果。一般来说，文化修养层次较高的人，不爱听肤浅、通俗的话，讲话者应多用抽象的推理；文化修养层较低的人，则对高深的理论不以为然，讲话者应多用典型性的事例；喜欢自夸的人，讲话者就不必表里如一，应多多诱导，生性沉默的人，讲话者应击其要害，令其激动；而对于思想顽固的人，讲话者就要了解他的兴题爱好，耐心交流，等等。俗语"到什么山上唱什么歌"，讲的就是这个道理。

（七）真挚诚恳，具有感染性

即席讲话时，要求管理者精力旺盛、声音洪亮、感情充沛、真心实意，使人产生共鸣，给人留下良好印象。例如，陪同外国客人时的即席讲话，既要做到谦让、和蔼、亲近，又要有礼有节，不失国格人格，使外国朋友感到中国人有强烈的自尊心和自信心；陪同外来参观、洽谈业务的客人时的即席讲话，既要热情洋溢，又要求实在客观，使对方感到可信、可靠，在有关会议上作即席讲话时，如果是直接的分管领导或上级业务主管部门的领导，则首先要表示看望、慰问、感谢之意，使与会人员感到亲切、受到鼓励，产生一种进一步做好工作的动力。

（八）言既尽，然回味无穷

结束语是即席讲话的重要组成部分，精妙的结来语能使讲话收到意想不到的效果。通常情况下，结尾不应冗长拖沓，更不能画蛇添足，而要在言不必尽或达到高潮时戛然而止，给听众以余音绕梁、回味无穷的感觉。结尾时要尽可能达到与听众感情上的交融，引起共鸣。在把握好分寸的前提下，满腔热情地提出希望、要求和建议。

即席讲话结尾的形式和方法很多，可以用高潮式、总结式和余韵式结尾，也可以用格言式、号召式和呼吁式结尾，还可以用引述式、幽默式和赞颂式结尾等。不论采用哪种方式、方法都应使结尾干净利落，要然而止。结尾要通循的一个原则是全部思想内容已经表达清楚，就一定要及时、利索地收场。

第七章　管理者沟通的智慧

管理者活动的事实表明，管理者70%的时间是用在与他人沟通上。沟通是人类社会必需的无所不在的活动。人们相互沟通的目的是为了满足同他人合作与联系的需要。任何团队或组织，都是由互相沟通的成员所组成的人际关系网。处于这个关系网中心的则是管理者。因此，人际沟通应当成为管理者必须重视的工作。要进行有效的沟通，管理者不仅要掌握沟通的口才艺术，又要学会善于倾听的艺术，同时要善于利用各种现代化的沟通工具，如此，才能消除人际沟通的障碍，更好地履行管理职能。

一、关于沟通

（一）管理工作离不开人际沟通

沟通是一种自然而然的、必需的、无所不在的活动。人们相互沟通是因需要同周围的社会环境相联系。社会也是由人们互相沟通所维持的关系组织。在组织中，沟通与每个管理者的管理效果信息相关，管理者不仅充分地表达自己的观点，还要善于应付各种局面以将自己的观点付诸实施管理，如同其他一些职业一样，不仅需要专业的知识和技能，而且越来越需要具备与他人的沟通的能力。管理者的大部分工作时间是花费在与他人沟通上，因此，管理者不仅要充分地表达自己的观点、影响他人行为、调动他人的工作积极性，还要善于应付各种冲突，营造良好的人际关系环境，实现组织目标。

即使沟通方面的微小进步也能使管理者的工作大受裨益。管理者要想成功，就必须学会有效的沟通，尽管增强沟通的能力不能一蹴而就。管理者对于有效沟通的理解的不同和沟通能力的不同可能会使他们的行为产生很大的差异。最初之时管理者的角色要求他们能够写报告、做致辞并能发动员工。而到了今天，管理工作更离不开的是沟通。对于一个现代管理者来说，还必须具有会谈、谈判、评定等能力。富有经验和能力的管理者还能够用各种语言和非语言的技巧让组织成员感到他们得到了尊重，并能从组织成员那里获取反馈回来的信息。

（二）事业的成功需要人际沟通

在现实生活中，我们可以发现一个人的专业水平和沟通水平是相辅相的。如果一个人只会干不会说，就得不到他人的理解和支持。一个人在科学技术上有了重大发明或发现，如果不能恰当地表达出来，那么，不管他的发明或发现多么伟大，也无法得到社会的认可。对于管理者更是如此，如果管理者不善于表达，那么无论他有多么高的策略，也无法被组织成员理解。

沟通能力是人际交往的工具和桥梁，也是一个人综合素质的外化表现。有效的沟通是行政管理者在工作和事业上取得成功的关键。在对1000位处于管理者地位的人的调查中发现，这些人均把口头沟通和倾听能力列为工作所需的最重要技能。在另一项调查中，某大学的校友们回答他们工作中最重要的技能是陈述、提问和回答问题及小组讨论。美国哈佛大学就业指导小组对几千名被解雇的男女雇员进行了综合调查，发现其中人际关系不好者是业务不称职者的3倍多；每年调动人员中，因人际关系不好而无法施展其所长的占90%以上。可见，沟通能力及人际关系与一个人的事业成败是息息相关的。

（三）工作合作需要人际沟通

优秀的管理者一定是善于运用沟通艺术的人。随着社会化大生产的不断发展，人们在日常的工作中越来越清楚地认识到，组织要合作，组织目标要想实现，仅凭个人很难单独完成。因而，如何将分散的组织成员有效地团结起来，使他们具有团队合作意识就成为迫切需要解决的问题。缺乏合作意识和能力对于个人和团体的利益都是最大的阻碍。现代组织是一个复杂的机构，具有专业化的各种不同活动，也只有通过沟通，才能调动组织成员的工作积极性，促进工作合作，进而实行组织共同的目标。因此，管理者要学习与组织成员沟通的技能，这在工作中是非常重要的。

（四）人际沟通有利于心理健康

人是社会性动物，自我意识和各种智能都是社会性的产物。人只有置身于社会环境中，通过社会获得支持性的信息，才能不断得以纠正错误和发展。良好的人际沟通对于个人生理与心理健康都有很大的帮助。医学研究发现积极的人际沟通有利于创造良好的人际关系，进而对一个人的心理健康发展积极的促进作用，反之，如果剥夺其与人沟通的机会，这个人的身心就会受到极大的伤害，甚至出现感到恐怖、害怕、焦虑等症状。可见，孤独和隔离不仅会破坏一个人应付日常交往的能力，而且会使人感觉到精神崩溃，出现变态心理。

心理学家从不同的角度进行了大量研究，结果都证明，心理健康水平越高，即个性越健康，与人交往就越积极主动，人际关系也就越融洽，越符合社会期望，其工作绩效也越大。人本主义心理学家马斯洛发现，"自我实现者"一般都可以很好地接纳别人，同别人的关系也比较密切，他们与他人有更稳固的友谊，对他人有更崇高的爱。

（五）人际沟通有利于集思广益

人际沟通有利于集思广益减少失误。有效的沟通可以发挥组织成员的聪明才智，激发组织成员独立思考、大胆发言、直言不话，从而可以给管理者提供更多有价值的参考意见，对增进管理者决策的科学性、减少管理工作失误具有重要作用。而且，在成员相互沟通、集思广益的过程中，会对某一个问题逐渐达成共识，最终形成统一的认识。人际沟通一旦有了统一的认识，就会产生统一的行动。但是需要注意的是，由于不同人的地位、阅历、教育背景、责任等不同，观察事物的角度不同，评价的标准不同，往往对同一事物的认识存在看很大不同。由此，作为组织的管理者要积极宣传自己的思想、主见和认识，听取他人的意见和看法，通过交流和沟通达到认识上的统一。

（六）人际沟通有利于提高工作效率

组织成员工作效率的高低直接影响着组织效益的好坏。虽然，影响组织成员工作效率的原因是多方面的，但是人际沟通的好坏是其中一个不容轻视的因素。良好的人际关系可以就发组织成员的责任感和荣誉感，激发组织成员的工作激情，形成和谐的气氛，从而提高成员的工作积极性、主动性和创造性，进而提高工作效率。这一点从唯物主义辩证法角度也可以证明其正确性。唯物主义辩证法认力，事物的发展是内外因相互作用的结果，其中内因起看决定性的作用，外因有看重要的影响，外因通过作用于内因，对事物的发展起看推动或阻碍的作用。在此，我们可以把组织成员的工作效率看成是一个不断变化发展的事物，从这个层面来讲，组织成员是内因，对于工作效率来说起看决定性的作用。那么人际沟通就是外因，对组织成员的积极性、主动性和创造性有着重要的影响。倘若人际关系好，那么这个外因对成员这个内因所起的作用就是积极的，这样才能推动工作效率不断提高，如果人际关系差，那么它对组织成员的作用是消极的，这样必然会导致组织成员的工作效率下降，最终影响组织的发展。

（七）人际沟通有利于凝聚人心

人际沟通的重要作用就是有利于凝聚人心。一个组织如果没有团结互助的精神，就会缺乏凝聚力，维持组织生存和发展的感情关系就会破裂，组织内部成员之间的矛盾冲突就会加剧。试问一个组织像一盘散沙似的，如何能够承受住困难和挑战呢?但是如果成员之间的感情融洽、关系和谐，他们就能相互支持、相互帮助，齐心协力地工作。在日常工作中，管理者积极主动与部属加强沟通，能增进部属对工作目标、工作任务、工作意义的理解，感受自己的工作价值，提高工作的积极性和主动性，有利于凝聚人心。同时，在沟通的过程中，管理者以自己的学识、能力、品格来不断影响和带动部属，使部属更容易接受和认同管理者的权威，并主动地维护管理者的权威。

（八）人际沟通有利于释放不良情绪

人际沟通还有利于有效释放组织成员的不良情绪。组织成员在工作中难免会产生一些不良情绍，这些不良情绪可能来自于生活和工作中的控折、压力、烦躁等情绪，具有易感性和传染性。如果不及时加以调节，不但会对部属的心理健康造成进一步的伤害，而且也会传染给其他的人。因而有必要及时有效地使组织成员的不良情绪得到宣泄，这不仅利于组织成员的身心健康，而且也有利于组织内部健康情绪的形成。对于人类产生的不良情绪，最好的解决办是就是通过人与人之间的相互沟通，将不良情绪释放出来，可见，管理沟通可以引导组织成员有效地和放不良情绪，促进组织和谐氛围的形成。

二、沟通中倾听的意义

倾听是沟遍能力的一个重要组成部分。倾听的意义主要体现为以下几方面

1、倾听使管理者能够与周围的人保持接触。失去倾听能力也就意味着失去与他人共同工作、生活、休息的可能。一位擅长倾听的管理者将通过倾听，从同事、下属那里及时获得信息并对其进行思考和评估。有效而准确地倾听信息，将直接影响管理者的决策水平

和管理成效。

2、倾听是由管理工作特点决定的。科学技术在飞速发展，社会化大生产的整体性、复杂性、多变性、竞争性，决定了管理者单枪匹马是肯定不行的。面对纷紧复杂的管理工作，行政管理者就更应该集思广益，多倾听别人的建议。个人难以作出正确的判断和制定出有效的决策方案。

（3）管理过程就是调动人的积极性的过程。善于倾听的管理者能及时发现他人的长处，并使其发挥作用；倾听本身也是一种鼓励方式，能提高对方的自信心和自尊心，加深彼此的感情，因而也就激发了对方的工作热情与负责精神。

（4）倾听也是获得信息的主要方式之一，报刊、文献资科是了解信息的重要途径，但受时效限制，倾听可以得到最新信息。一个随时都在认真倾听他人讲话的人，在与别人的交谈中就可能成为一个信息的渠道。总之，积极倾听给管理者的好处是显而易见的。对缺乏经验的管理者，倾听可以弥补自己的不足，对于富有经验的管理者倾听可以减少错误。

三、做善于倾听的管理者

善于倾听的人，一方面表明他具有足够的耐心，另一方面也表示他能尊重别人，也表明他比较关心别人。

一个最优秀的谈话对象，通常是说话说得最少的人，所以，要想成为一个口才一流的人，必须认识到，最好的、最重要的交谈能力，就是倾听对方的心声。通常情况下，倾听包含以下三个层次，听见声音并不表示你听完全了，听完整了；你完全听到了，不表示你听懂了，而你听懂了意思，也不表示你已经心领神会。在这三个层次里面，真正的倾听者必须能做到，听懂了说话者话里的意思，并且能够心领神会,同时可以预期、发觉对方的心思而予以回应。所以,良好的倾听能力,含有更高、更深的意思,而良好的倾听能力,首先来自于敏锐的洞察力和感受力。

(一)听清对方所说的全部内容

听清全部内容,也就是随时都听,这听起来容易,但是要警惕人的思维有看很大的漫游空间,这会使人们分散注意力,并使人们的意识背叛自己的要求而被打断。当一个说话者缺乏吸引力的时候,作为听者要集中注意力就变得更加困难,也变得更为重要。更重要的是,一个人若把压力或其他的思想包状带到与你的谈话中,过去的事或对未来的忧虑看起来似乎都比现在要说的重要,那么此人的焦虑就很有可能会压倒听者的耐心。作为管理者更要注意,倾听他人讲话时,切忌思前想后,以致未听清全部内容。日常工作中,人们可以发现当你错过了某些信息,你自己的表达能力将随之下降。因为你假设你知道说话者的内容或你的心理存在一些成见而减少了你的注意力,一旦你认为你抓住了信息的主要,你的头脑的思维将变得混乱和多样。

(二)捕捉对方说话的要点

尽管一般情况下,人们的说话和谈论,不都是金玉良言,而是许多平常的、杂乱的,甚至多余的东西。但对处处留心的人来说,往往能在用心倾听别人谈话的过程中,获得某种宝贵的知识和信息,从而触发自己的思考,并生出灵感的火花。

倾听时是否能够捕捉到有用的信息,是非常重要的,这也是听话的基本目的之一。说话人常常会把话语的意思隐含在一段话里。前面的话,往往是引子、是提示,当中一段话,有时是要点,有时是解释；后面一段话，也许是结论，也许是对主要意思的强调或引申。人们在倾听的过程中，要善于从说话人的言语层次中捕捉要点、捕捉信息。除此之外，说话人在强调某些重点语句时，常采用故意放慢语速、突然停顿、提高声调或故意降低声调以及手势等加以提示。倾听者可以从说话人的语气、手势变化来捕捉信息。

（三）敏锐地抓住对方的意图

尽快发现对方谈话的真实意图，你就可以胸有成竹、从容自如地跟随对方，对方也会因你敏锐地洞感他的想法而对你表现出由衷的钦佩。否则，不仅会影响沟通的顺利进行，而且也容易产生误解。例如，一位年轻人在非正式的场合向管理者说起工作量大、任务重，平时加班也干不完。这位管理者误以为该下属在叫苦，于是说了一大通要吃苦耐劳、要无私奉献的客套话，还有20世纪50年代人们如何艰苦奋斗的"故事"，结果那位下属气得七窍生烟，当即愤然离去。其实这位下属只是顺便反映一下情况，让别人知道他工作得辛苦，希望管理者肯定和承认他在工作中的地位和作用。如果那位上司能体察其意，说些得体的安慰话，表示一下作为管理者对下属辛苦工作的关心和肯定，那位下属不但不会愤然离去，而且有可能更加努力地工作。由此可见，抓住对方说话意图是何等重要。

（四）对对方的话语作适度反应

要听出对方的真实意图，除了掌握对方的个性以及心理等特征以外，还必须对对方的言事有所反应，比如，恰当的插话、点点头、眨眨眼睛等。适度的反应是对对方莫大的鼓舞，是促进对方进一步说话和深刻暴露其内心真实意图的"润滑剂"。

马克·吐温说得好：给人适当颂扬，尽量聆听别人说话而不加任何辩解。因此，与人交谈，倘若"金口"一味不开，未免会使对方显得尴尬，对方也会因你毫无反应而大生疑惑，不好意思再滔滔不绝。但若是中途打岔，只会给人留下一个能言善辩的形象，最终不但不能洞察对方的真正意图，反而还会招来对方的厌烦，使你落得个"没修养、不知趣"的不良形象。

正确的做法应该是认真倾听对方的谈话，在不打断对方说话的原则下，在关键时刻说明重点或明确表达自己的见解，以便把自己的想法清楚地传给对方，使话题朝着双方共同关心的方向发展，并进而洞悉对方的真实心理。由此看来，要做到"一语识人心"，并不要求表现你的精彩的说话艺术，而是要使对立产生一种"谈得拢"、"一见如故"的感觉。

（五）善于运用肢体语言

有人做过一个实验：如果让学生在听课时表现出一副心不在焉的样子，上课的教师就会照本宣科，不看学生，无强调，无手势，为了让学生积极投入，认真倾听，开始使用一些版体语言，适当的身体动作和目光的接触，上课的教师的声调会开始出现变化，并加入了必要的手势，课堂气氛活跃起来。由此可见，肢体语言是无声的赞美，能向对方传递"你的话我很喜欢听"的信息，引导对方进一步展开话题。

因此，一个沟通高手也是一个善于运用肢体语言的高手，他在倾听过程中善于运用眼神交流，需于做一些合适的"小动作"，与对方保持同步，从而诱发对方的激情。

总之"听话听音，锣鼓听声"，如更能熟感、掌握这个道理，因人而异，随机应变，做一个倾听高手，管理者就能更好地洞察对方的心理，从而达到更好的沟通效果。

第八章　管理者权力的运用

权力的运用是检验管理者管理水平、管理能力、管理手段高低的标准与试金石。管理功能、管理作用发挥得如何，从某种程度上讲，取决于管理者如何运用权力、是否善于用权。如何公正公平、宽严相济、娴熟灵活、恰到好处、融会贯通地用好手中的权力，是每个管理者要深刻认识、努力研究和勤于实践的管理艺术。管理者用权要做到职权一致、令行禁止，确保权力运行畅通；公权要谨慎运用、化繁为简，确保权力不滥用；授权要统一领导、因事择人、监督到位，确保实现高效管理。总之，管理者在职权面前，其具备的身份权力的主人而不是奴仆，要做一个权力与职权相符、权限与能力匹配、权力与责任结合的具有高超用权与授权艺术的管理者。

一、管理者权力概述

管理者的权力分两大类：

一是管理者的职位权力，即所处工作岗位的正常权力，人们称之为职权或正式权力；二是来源于管理者的个人影响力，即个人专长和个人品质。人们称之为非正式权力。管理主体是管理行为过程的主体，具有一定管理能力从事现实管理活动的人或人群组成的。正式权力来源于上级的授予，组织授予管理者的正式权力一般可以分为六种权力：职位权、奖赏权、惩戒权、参照权、专家权和声誉权，下面谈谈这六种权力的含义以及我们如何去有效地运用这六种权力。

（一）职位权

所谓职位权，是指单位或上级主管领导为管理者所任职的工作岗位赋予的职务权利。这些权力包括管理者对下属的任务分工、工作安排、指挥等。职务权是外界授予的，与管理者所任职的职位戚戚相关。换句话说，一旦管理者不再从事该职位，则该管理者所拥有的职位权将发生变化或被取消。因此，作为管理者，一定要慎用该权力，在领导和管理团队的过程中，尽可能不要"显性"地拿出这一"令牌"来约束下属，而应该"隐性"地将该权力作为领导和管理团队的基础和保障。因此管理者不是非不得以，千万不要颐指气使地说出类似这样的话："我有权命令你……"。否则，非但对工作无益，反而会使结果更糟。

（二）奖赏权

所谓奖赏权，是指管理者对下属进行表扬、奖励、晋升、加薪、休假或提供其他机会（如外派培训）等的权力。奖赏权是职位权派生出来的，因此也是外部授予的一种权力。一般来讲，拥有一定职位权力的管理者同时拥有一定限度的奖赏权。然而，我们往往有这样一种错觉，总认为被奖赏人对"奖赏"会欣然接受或认为奖赏有益无害。殊不知，如果"奖赏"不能用得其所，同样会产生负作用。特别是有些管理者滥用奖赏权，这样不仅让奖赏的真正意义荡然无存，而且严重影响了工作的正常开展，是非常有害的。

（三）惩戒权

所谓惩戒权，是指管理者对下属进行斥责、降职、罚款甚至解雇等的权力。惩戒权也是职位权派生出来的，因此同样也是外部授予的一种权力。这样，拥有一定职位权力的管理者同时也拥有一定限度的惩戒权。惩戒意味着对被惩戒者某项工作某种程度的否定，因此，作为管理者，更应该谨慎使用该项权利。一般来讲，最好是"丑话说在先"，让下属清楚自己行为不当或工作失误时将会得到的结果从而让下属警惕并努力而为之（防患于未然），而不是等问题发生后再采用惩戒措施"秋后算帐"。当然，这并不是说惩戒权就不需要用，恰如其分地使用惩戒权，也是管理者开展工作的有效保障之一。

（四）参照权

所谓参照权，是指管理者从其他权力拥有者那里获得权力或提及更有权力的人的名字，亦即从他人处"借用"过来的权力。在同级之间进行工作协调时，遇到阻力或对方不支持、不配合时，偶尔用用这种权力还可以，但不要经常用；另外，尽量不要在自己的下属面前使用这种权力；因为使用这种权力时，往往也间接地说明自己的"无能"，使自己在他人心目中的"形象"大打折扣。

（五）专家权

所谓专家权，是指管理者自身所拥有的知识、技能等所展示出来的一种综合能力，它是一种"隐性"的权力，是管理者自身所拥有的，与职位无关。一般来讲，下属都比较"尊敬"专家型上司，这样上司就能通过这一"隐性"的权力，让下属"自觉"行动，从而产生良好的管理效果。因此，专家权是不需要管理者刻意去"运用"的，它能自动发挥作用。

（六）声誉权

所谓声誉权，是指管理者自身个性、人格魅力、感召力、个人声誉、以身作则的为人风范等综合表现出……

二、用权的艺术

（一）管理权力的特征

管理权力指的是通过法定程序授予的，为实现组织目标，在实施管理过程中对组织成员或下属实施的强制性影响力与制约力，这种法定的管理权力包括三点：指挥控制权、强制权、奖惩权。

管理权力的特征主要表现在以下几个方面：

1、普遍性。无论是在企业单位，还是在事业单位，管理权力是人类社会存在的一种普遍现象，只要有管理存在，权力就存在。

2、层次性。在任何一个社会里，其组织构成按照纵向都分为若干个层次，每一个层次都有相应的管理者

3、强制性。这是管理者权利的根本性特征，具体表现为对下属的要求、命令，这种要求与命令具有不可抗拒性与强迫性。

（二）管理者用权的原则

1、管理者用权的民主原则

管理者在行使权力的过程中，必须遵循民主原则，具体做到以下几点：

（1）管理者遵循民主原则，首先要有民主意识。自觉地意识到自己的权力根本上是组织成员授予的，接受了这个权力就必须为组

织尽心尽力，就必须感到权力在手，也是责任在肩，不能有半点马虎。管理者手中掌握着大量的资源，稍有懈怠，就会造成无可挽回的损失。因此，在管理者位置上就必须要竭尽全力、如临深渊、如履薄水，认真对待每一项工作。

（2）管理者遵循民主原则，就要有平等意识。在使用权力的过程中，应该把下属视为同志和朋友，以平等的态度待人，不摆架子、不打官腔，与组织成员建立一种融洽的新型关系，使他们能自觉地服从你的权力。

（3）管理者遵循民主原则，还要有民主作风。要尊重组织成员、相信和依靠组织成员，广开言路，博采众长，特别要多注意听取不同意见后再作决定，不能主观武断。

2、管理者用权的依法原则

所谓法，一般是指法律、法令、制度、政策、规定等的总称。在社会主义社会，法律体现的是广大人民群众的根本利益和意志。因此，管理者一定要依法使用权力，而依法使用权力时，管理者需要遵循以下两个原则

（1）管理者用权需要注重法制，在自己职权范围内依法进行管理。管理一个国家需要国法，管理一个单位也需要规章制度。因此，管理者在一个单位里行使权力，首先就要靠法制、规章来规范，建立起切实可行的制度，真正做到有法可依、有章可循，明确什么可以做，什么不可以做，用以约束下属，也约束自己，这样用权就有了依据。

（2）管理者必须依法用权，任何权力都要受到法律的约束。在一些管理者中，仍然存在目无法纪、滥用权力，"以权代法"、"以权藐法"、"以权犯法"等现象。管理者要克服这些不良现象的影响，真正做到依法用权，增强法制观念、学法、知法、守法，

自觉地接受法律对权力的制约和监督。

（三）防止权力的非正常运用

管理者应当明白，权力是属于组织的，管理者只能运用手中的权力服务于组织成员，而不能将手中的权力用之于牟取私利。面对复杂的社会影响，防止权力的非正常运用，已经显得越来越重要。在新时期，防止权力的非正常运用，应当注重以下几方面：

（1）严格限制个人权力。明确各个权力层级的职责与权限，使其各司其职、各负其责、各行其权，对主要管理者个人授权不要太大，要适度限制，防止专权现象发生。

（2）反对个人专断。要明确规定，凡重大决策都必须由集体讨论决定防止搞"一言堂"，个人说了算；管理者之间应相互监督，使管理者权力的行使有效地置于广大组织成员的监督之下。

（3）用权要公正、诚信、清廉。按照"权责一致"的要求，正派做人、秉公办事、公正行使权力；诚信做人，诚信用权；自觉做到一心为公、清正廉明。

（4）加强管理者自身修养。提高管理者的知识化、专业化、法制化水平，培养一支高素质的干部队。

三、管理者授权

真正的管理者绝对是善于将权利合理分配，懂得用权之道，善于使用灵活工作方法激发员工创意思维，使大家都能够在各自工作岗位上各尽其职、大胆表现、不受制约，在用人之道上充满智慧：化人智为己智，化人力为己力；能够将每个人身上的优点充分利用并促进其发挥，不靠虚招为自己增光添彩，而是将管理资本恰到好处地利用起来，激发整个团队能够在融洽和谐的氛围中，不断促进工作效率。

一个高明的管理人，要善于授权，信赖承接工作人员的能力，并给予恰当鼓励和赞赏，使执行者感受到拥有决策权，能够施展拳脚，大胆推进工作。而非在细节上挑剔有加，来显示自己的高明之处！纵然你有三头六臂也无法做到事必亲躬、独揽一切，只能说是一种本末倒置的作风，结果干扰甚至压制了组织本可富有创造性工作思路，削弱团队的战斗力、责任感、创造力，使工作思路与执行力出现缩水现象。

（一）授权的含义

所谓授权，是指管理者将一定的职权委授给下属去行使，使之有一定的权力担任一定的领导职责。授权是管理者智慧和能力的扩展与延伸，是管理者将其所属权力的一部分授权给下属，从而给下属提供完成任务所必需的一种客观手段。一个成功的管理者，并不是凡事都要亲力亲为，而是通过适当的授权，让下属充分发挥其主动性和创造力，从而更有利地完成组织目标。管理者的成功授权，是管理实践中一门重要的领导艺术。

授权是现代管理活动的重要组成部分，但在现实的领导过程中，不少管理者对此认识不足，不懂授权、不敢授权、不愿授权、不会授权，导致组织要么权力过度集中、要么权力过分分散，甚至权力关系混乱，严重影响了管理者的权威和领导活动的效果。

（二）授权需要遵循的原则

管理者在进行授权时要遵循一定的原则，主要包括以下几条：

1、视德才授权。这是授权的一条最根本的准则。授权不是利益分配，不是荣誉照顾，而是为了把工作做好，因此要选择思想品质端正、有事业心和才能的人授之以权。

2、权责同授。授权时，管理者必须向被授权者明确交代所授事项的责任范围、完成标准和权力范围，让他们清楚地知道自己有何种权力，有多大权力，同时要承担怎样的责任。

3、不越级授权。现代领导体制都是逐级领导负责制，具有明显的层次性。授权不能随便跨越层次，而只能逐级进行，否则就会引起混乱。同时，授权只能授予自己职权范围内的权力，否则就会引起更大范围的混乱。

4、不授予重大权力。事关组织的发展方向、人员的任免等重大权力，一般不轻易授给下属。

（三）授权的要点

1、谨慎地选择授权对象

选择好的受权者是授权工作的基础和关键环节。管理者在授权时必须对受权人做细致的分析和了解，必须以事业的需要和授权对象能力的大小、水平的高低为依据，谨慎地选择授权对象。决不能不顾工作需要，或超越下属能力和水平所能承担的限度，把授权当成对下属的一种奖励。管理者必须知人善任，做到量才任职，视能授权，以充分发挥下属潜能。由于授权是一项很严肃的工作，所以在授权时必须郑重谨慎地选好授权对象。如果授权时用人不当，将不可避免地出现难以预料的后果，而且管理者还必须要投入精力去解决问题或消除影响。所以，一定要选择那些认真负责、坚持原则、无私奉献、独立工作能力强、善于团结协作、勇于开拓创新的人作为授权对象。

2、对下属授权前后的考察

管理者在授权前后一定要对被授权者进行考察。

（1）管理者在对下属授权之前，要对被授权人做好深入细致的考查，科学地搞好人员配备，做好授权准备，以便取得最大效果。首先，要了解被授权人选的长处以及发展前途，优化出最任人选。其次，要按照结构优化的要求，搞好人员合理配备。

如果认为被授权者还不十分成熟，能否完成任务还有待观察，或者还需要进一步考验，授权时可以加上"代理"、"助理"字样，并明确宣布"代理"、"助理"的限定时间，到时决定取舍。

（2）管理者在对下属授权之后，要做被授权者的坚强后盾，对被授权者给予必要的支持和指导，以防止被授权者在行使权力的过程中出现偏差和延误，帮助被授权者解决可能产生的困难。

3、采用合适的授权形式

管理者可以依据所授权力的大小、重要性程度，组织相应的授权形式，甚至举行相应的授权仪式。通过各种不同形式的授权形式，可以对被授权者接任职权产生正面的积极作用。一则当众向被授权者传递一部分领导的影响力，以振被授权者的声威，二则以庄严的气氛强化被授权者的使命感和责任感，使他们暗下决心为履行职责而顽强奋斗，三则让众多下属都知道授权的内容，以方便被授权者正常行使权力，顺利开展工作。至于授什么权，授多少权，没有一个绝对的标准。一般来说，除了管理者工作职责的核心或关键部分外，其他工作都可以段权，凡是下属能够同样做好甚至能够做得更快更好的工作，都可以授权。

4、克服授权中的障碍

有些管理者喜欢在工作上大包大揽，希望每件事情经过他的努力都能很顺利地完成，得到上司、同事和下属的认可。这种事事求全的愿望虽然是好的，但往往收不到好的效果。

其实作为管理者，并不意味着什么都得管。管理者要全力以赴

抓大事，而且要抓准抓好，一抓到底，绝不半途而废。而对其他权力则可适当下放。但是在现实的领导活动中，有些管理者在授权的问题上，存在看不少障碍，例如有些管理者强调自己在组织中的重要性，以为自己比别人做得都好而过分自信不愿授权，有些管理者害怕授权后会影响自己在组织中的地位，或者以自己私利为重而不敢授权，有些管理者认为授权会降低灵活性，害怕影响组织成员的正常工作，苦无良策而不会授权等。这些隐碍都是管理者在授权时必须克服的。因为适当授权既可以现高工作效率，又可以锻炼下属。

5、用心授权

授权及要讲责权，还要方法得当，事先当考虑清楚哪些需要充分授权？哪些需要不充分授权？认真选择授权对象，放手让下属使用权限职责内的权力，不可横加指责。及时跟踪执行进度，掌握下属行使职权的情况，必要时给予指导，尽量减少工作可能会出现的失误。

身为领导者在传达任务时，隐含命令口气的表达方式，也往往容易造成执行者内心的抵触情绪。最好能够让接收任务者能够感受到一种自然、亲切的交流方式，将目标任务清晰地理解并消化，防止执行过程中可能出现迷惑感。

对于在工作上的指导，要让对方体会到领导是在用心和自己交流，并且能够真切感受到是站在对方立场考虑问题的根本，自然融会贯通在对方的思维中，使对方能够用心倾听和吸收。即便在执行者出现了错误，在明晰指出下，给对方自我反思的间隙，在实在是无计可施的状态下，给予适当意见，来加以最大限度的弥补机会。如此一来，不仅真正起到了纠错的功效，也会让执行者感受到领导在给着自己机会，并加以反省及思考，促进自我在以后的工作中注意到不会让同样的错误发生。